CATHERINE II,

COMÉDIE

EN TROIS ACTES ET EN PROSE,

PAR

MM. ARNOULD ET LOCKROY,

REPRÉSENTÉE POUR LA PREMIÈRE FOIS
SUR LE THÉATRE ROYAL DE L'ODÉON,
LE 29 SEPTEMBRE 1831.

PRIX : 3 FR.

PARIS.
J. N. BARBA, LIBRAIRE,
PALAIS-ROYAL, GRANDE COUR, DERRIÈRE LE THÉATRE-FRANÇAIS.

1831.

CATHERINE II,

COMÉDIE.

Nous nous félicitons d'avoir fourni à Mlle Georges l'occasion de déployer dans la comédie la supériorité de talent qu'on lui connaît dans la tragédie et le drame. Il est impossible, en effet, de saisir mieux qu'elle ne l'a fait, les différentes nuances d'un rôle, et de les faire ressortir avec plus de finesse, de tact, de noblesse et de grâce. Elle a déjà reçu nos remercîmens; nous lui en adressons ici de nouveaux, ainsi qu'à M. Ferville, si entraînant, si comique, si vrai dans le rôle de Rackmanoff; à M. Delafosse qui a joué le sien avec un talent consommé; à M. Doligny qui a su donner à Swanin la physionomie fine et railleuse d'un vieux courtisan.

Mademoiselle Juliette avait prêté tout son charme, toute sa grâce au personnage de la comtesse : en voulant bien s'en charger, mademoiselle Alex. Noblet nous a rendu un service que nous ne pourrions reconnaître qu'en lui offrant un rôle plus important, un rôle tout d'entraînement, d'énergie, de passion, qui lui permît de développer les heureuses qualités dont elle est douée et auxquelles elle doit de si nombreux succès!

CATHERINE II,

COMÉDIE

EN TROIS ACTES ET EN PROSE,

PAR

MM. ARNOULD ET LOCKROY,

REPRÉSENTÉE POUR LA PREMIÈRE FOIS
SUR LE THÉATRE ROYAL DE L'ODÉON,
LE 29 SEPTEMBRE 1831.

PRIX : 3 FR.

PARIS.
J. N. BARBA, LIBRAIRE,
PALAIS-ROYAL, GRANDE COUR, DERRIÈRE LE THÉATRE-FRANÇAIS.

1831

PERSONNAGES.	ACTEURS.
RACKMANOFF, chambellan.	MM. Ferville.
SWANIN*, ministre.	Doligny.
POTEMKIN, lieutenant aux gardes.	Delafosse.
ALEXIS RACKMANOFF, lieutenant au service de Prusse.	Lockroy.
PREMIER COURTISAN.	Paul.
DEUXIÈME COURTISAN.	Walkin.
PREMIER MINISTRE.	Ch. Hoster.
UN HUISSIER.	Auguste.
UN OFFICIER.	Tournan.
DEUXIÈME MINISTRE, personnage muet.	
CATHERINE II.	Melle Georges.
LA COMTESSE RACKMANOFF.	{ Juliette. A. Noblet. }

COURTISANS, OFFICIERS-GÉNÉRAUX, GRANDS DE L'EMPIRE.

La scène se passe à Pétersbourg, au palais d'hiver.

* On prononce Zvanine et Poteimkine.

Nota. Les acteurs sont placés, en tête de chaque scène, comme ils doivent l'être au théâtre, le premier tient la droite de l'acteur, ainsi de suite.

IMPRIMERIE DE E. DUVERGER,
RUE DE VERNEUIL N° 4.

CATHERINE II,

COMÉDIE.

ACTE I.

Le théâtre représente une salle du palais impérial à Pétersbourg. Portes ouvertes dans le fond. A droite de l'acteur les appartemens de l'impératrice. Une table avec des papiers. A gauche une croisée donnant sur les cours. Au lever du rideau, on entend des salves d'artillerie.

SCENE PREMIERE.

PREMIER COURTISAN, DEUXIÈME COURTISAN, GÉNÉRAUX et COURTISANS *dans le fond*, *puis* SWANIN.

PREMIER COURTISAN.

Voilà le signal. L'impératrice va sortir.

DEUXIÈME COURTISAN.

Pour assister à la cérémonie religieuse qui célèbre la paix avec les Turcs. C'est un jour glorieux pour la Russie.

PREMIER COURTISAN.

Les troupes sont sous les armes. Quelle foule se presse hors du palais! Voyez!... et dans les appartemens et dans les cours...

DEUXIÈME COURTISAN.

Quel est ce simple officier qui se trouve au milieu d'un groupe de généraux, et qui, l'œil fixé sur les croisées de l'impératrice, semble indifférent à tout ce qui se passe autour de lui? Il ne s'aperçoit pas qu'il n'est pas à sa place. Ah! on lui en fait probablement la remarque, car le voilà qui s'éloigne d'un air mécontent. Je ne le connais pas... Quel est-il donc?

PREMIER COURTISAN.

C'est un jeune lieutenant aux gardes.

DEUXIÈME COURTISAN.

Beau garçon, ma foi!

PREMIER COURTISAN.

Et fidèle serviteur de l'impératrice. Il n'avait que dix-sept ans à l'heureuse révolution de 1762 (il y a dix ans), et pourtant il fut un des quatre qui nous délivrèrent de Pierre III, l'indigne époux de notre auguste souveraine. Ce fut lui, dit-on, qui passa une serviette autour du cou de l'empereur, tandis qu'un des frères du comte Orloff de ses deux genoux lui pressait la poitrine et le tenait étouffé.

DEUXIÈME COURTISAN.

Chut! monsieur! vous savez qu'on ne parle jamais de cet événement au palais.

PREMIER COURTISAN.

Et cependant l'impératrice n'y fut pas étrangère.

DEUXIÈME COURTISAN.

Qui peut savoir cela?

PREMIER COURTISAN.

Ceux qui étaient à sa table lorsqu'elle en apprit la nouvelle. Au reste, si elle n'y prit aucune part, elle en récompensa les auteurs; car le comte Orloff qui dirigea la révolution est favori en titre, ses frères occupent les premières places de l'empire, et ce jeune homme, bien que simple officier, est honoré de l'amitié de sa souveraine. (*Entre Swanin qui se place à la table et écrit.*) Il est difficile de penser après cela...

DEUXIÈME COURTISAN*.

Prenez donc garde, monsieur! Il y a là quelqu'un qui peut nous entendre... C'est le comte Swanin, l'oncle des Orloff.

PREMIER COURTISAN.

Et tout dévoué à leurs intérêts. Il est vrai qu'il leur doit sa fortune. On lui a composé un ministère qui embrasse tout l'intérieur de l'empire. C'est un homme extrêmement puissant.

DEUXIÈME COURTISAN.

Et plus dangereux encore. Il connaît tout ce qui se passe... les choses même les plus confidentielles. J'ai peur qu'on en use ici comme à la cour de France, où les secrets sont peu respectés.

PREMIER COURTISAN.

Diable! vous me rappelez que l'administration des postes est aussi sous la surveillance du comte... car son ministère comprend les administrations les plus diverses. Les Orloff ou leurs créatures envahissent tout.

DEUXIÈME COURTISAN.

Oui... le comte Orloff a presque le pouvoir d'un souverain; mais il agit comme s'il en avait les droits... Pa-

* Swanin, premier courtisan, deuxième courtisan.

tience! Catherine a senti le joug... et le comte est absent.
PREMIER COURTISAN.
Puisse-t-il l'être quelque temps encore!
DEUXIÈME COURTISAN.
Voici ce jeune officier qui revient de ce côté... Il monte l'escalier qui conduit dans cette salle. Comme sa physionomie est hautaine et sombre!
PREMIER COURTISAN.
S'il fait jamais son chemin, ce ne sera pas comme bouff de cour, je vous en réponds. (*Entre Potemkin.*) Le voilà donne des ordres aux gardes : il paraît qu'il est de servi au palais, et qu'il n'accompagne pas Sa Majesté à l'église.
DEUXIÈME COURTISAN.
Ah! ah! voyez donc l'air empressé du vieux chambellan Rackmanoff! A la rapidité de ses mouvemens, à la vitesse de sa course, ne dirait-on pas qu'il craint de geler sur pied, comme s'il entendait encore siffler le vent glacé de la Sibérie.
PREMIER COURTISAN.
Il devrait y être fait, car on l'a oublié dix ans dans cet exil.
(*On entend au dehors des cris de* vive Catherine! *et des salves d'artillerie. Tous les courtisans se découvrent.*)
DEUXIÈME COURTISAN.
Voici Sa Majesté qui descend dans la cour.
PREMIER COURTISAN.
Elle vient de laisser tomber son gant. Un jeune homme le ramasse. Elle le regarde avec bienveillance.
DEUXIÈME COURTISAN.
Remarquez-vous la figure empesée du comte Pratinski? On assure que c'est Swanin qui le met en avant, dans l'espoir qu'il sera remarqué de l'impératrice, et que cela donnera au comte Orloff le temps d'arriver : car voilà trois mois que le comte est absent.
PREMIER COURTISAN.
Trois mois! oui. C'est bien long.
DEUXIÈME COURTISAN.
Le projet des Orloff échouera; et si l'impératrice l'a deviné, il n'en faudra peut-être pas davantage pour déterminer un autre choix. Le cortége se met en marche... Allons.
PREMIER COURTISAN.
Ma foi, je suis de votre avis. Si le comte Orloff ne se hâte, nous ferons sous peu notre cour à un nouvel aide-de-camp.

DEUXIÈME COURTISAN.

Avez-vous quelque jeune parent à la cour?

(*Ils s'éloignent ainsi que les autres courtisans.*)

SCENE II.

SWANIN, *écrivant.*

« Enfin, mon cher neveu, il faut vous défaire au plus vite de la maladie qui vous retient et hâter votre retour. Catherine semble ne plus s'apercevoir de votre absence. Plusieurs intrigues ont été déjà commencées dans l'intérieur du palais ; je les ai toutes déjouées : j'ai présenté à l'impératrice le jeune comte Pratinski, un de nos amis. C'est un rival peu redoutable et dont un mot vous débarrassera quand il en sera temps : mais je crains qu'un caprice de l'impératrice ne renverse tous nos projets. Encore une fois, hâtez votre retour. Adieu. Je veille sur vos intérêts.

« Votre oncle SWANIN. »

Cette lettre partira aujourd'hui même. C'est au comte Orloff qu'elle doit le trône... voudrait-elle l'oublier après dix ans? dix ans!... c'est une longue constance. Soltikoff et Poniatowski ont régné moins long-temps. Je connais Catherine. Que faut-il pour lui plaire? une action hardie, un mot spirituel ; et nous avons ici vingt capitaines, lieutenans ou sous-lieutenans aux gardes, sans autre fortune que leur grade, mais gens d'esprit et de bonne mine. Orloff a trop compté sur sa longue faveur en s'éloignant : une femme est toujours femme, même sur le trône... dans les grands appartemens souveraine : dans les petits plus esclave qu'elle ne croit. Maudite maladie, qui retient le comte à trois cents lieues d'ici!... n'importe, je surveillerai tout... même le chambellan Rackmanoff, qui s'avise aussi de chercher un candidat. L'intrigant y voit clair, et donnerait volontiers, je crois, ses vieux parens et sa jeune femme pour un neveu, cousin ou petit-cousin. A tout ce qui porte une figure présentable il a toujours l'air de dire : « N'êtes-vous pas de ma famille? » Mais le voici.

SCENE III.

RACKMANOFF, SWANIN.

RACKMANOFF.

(*à un garde.*) L'officier de service! J'ai des ordres à lui donner. (*sur le devant de la scène.*) Elle regardait autour d'elle avec une bienveillance, une douceur, un désir de plaire! Oh! le moment est arrivé! (*apercevant Swanin.*) Encore ici, M. le comte!

SWANIN.

Oui, monsieur Rackmanoff... je veux dire monsieur le comte Bakouninski.

RACKMANOFF.

J'avoue que je tiens beaucoup à ce titre que Sa Majesté m'a donné lorsqu'on m'a rappelé...

SWANIN.

De Sibérie. C'était juste : on vous y avait oublié assez long-temps.

RACKMANOFF.

Dix ans.

SWANIN.

Si vous y retourniez, vous en reviendriez peut-être, cette fois, avec le titre de prince.

RACKMANOFF.

Merci de l'intérêt que vous prenez à ma fortune : j'aime autant n'en pas courir la chance. A propos... serons-nous long-temps encore privés de la présence de monsieur le comte Orloff?

SWANIN.

Il sera ici sous peu de jours.

RACKMANOFF.

Vous êtes bien heureux d'avoir un neveu comme celui-là! vous connaissez le dévouement que nous lui portons?

SWANIN.

Et nous en apprécions la sincérité. Adieu, monsieur, vous avez des ordres à donner, et je ne voudrais pas vous retenir plus long-temps. Comptez sur moi, en toute occasion.

SCENE IV.

RACKMANOFF, *seul.*

De retour ici sous peu de jours!... Pourquoi alors met-on en avant ce Pratinski? n'est-ce point parce que l'absence d'Orloff doit se prolonger, et que l'on craint qu'un autre prenne sa place? Eh! oui, sans doute... ils sentent que le danger est pressant! et n'avoir personne à qui se rattacher! des figures que le comte Orloff a choisies, je crois. Pas de famille, personne autour de soi. Des parents que je ne connais pas et qui doivent avoir soixante ans au moins: laids comme des Kalmouks... pas un petit neveu, quelque chose enfin. Ils ont tous des parens ici; ils en présentent tous les jours : je crois qu'il leur en vient par estafette : j'attends aussi comme eux : il n'y a que moi qui ne reçoive rien. Une femme... parbleu! Une femme... j'en ai une; je l'ai prise sous un empereur... mais sous une impératrice!... ils ne savent pas dans quel embarras ils vous mettent avec leurs révolutions : sous une impératrice!... Oh! un neveu, par pitié, un neveu!... il y a tant d'oncles qui n'en voudraient pas avoir! Moi, je recevrais le mien à bras ouverts... et quand je pense que j'aurais pu avoir ce bonheur-là! Car enfin, j'avais un neveu! Je dis j'avais, car personne ne sait ce qu'il est devenu. Le petit drôle s'est avisé de partir à seize ans, sous prétexte qu'il ne possédait pas un rouble et que je ne voulais pas le voir... comme s'il n'avait pas pu attendre. Que diable! est-ce que je savais que je l'aimerais autant un jour? C'était avant le règne de Pierre III; comment prévoir alors que nous aurions une impératrice? Je me mariai, moi. Ça m'a singulièrement porté bonheur : dix ans d'exil! et me voilà sans famille, avec une femme, qui heureusement n'est pas ici, car je n'y serais pas, moi : elle a sur mon sort une influence si directe et si peu agréable!... vous verrez que je serai obligé d'adopter un orphelin.

SCENE V.

ALEXIS, RACKMANOFF.

ALEXIS, *au garde qui lui a parlé à la porte du fond.*
Oui, c'est un message important. Vous pourrez peut-être m'indiquer la personne à laquelle il est adressé : Monsieur le chambellan, comte Bakouninski. (*Le garde lui fait signe que c'est Rackmanoff. Il entre.*) Ma bonne étoile m'adresse bien. Veuillez excuser mon importunité, monsieur le comte, cette lettre est pour vous.

RACKMANOFF.
Donnez. (*Il la met dans sa poche.*)

ALEXIS.
Est-ce là votre réponse, monsieur?

RACKMANOFF.
Ah! il y a une réponse? de quoi s'agit-il? d'une demande, sans doute? je suis fâché de vous le dire, monsieur, mais j'ai fort peu de crédit.

ALEXIS.
Mon protecteur espérait, cependant...

RACKMANOFF.

Quel est votre protecteur?

ALEXIS.

Le premier secrétaire de la légation de Prusse. Pardon si j'insiste, mais veuillez ouvrir cette lettre.

RACKMANOFF, *lisant*.

« Mon cher comte, je vous recommande le jeune Alexis Rackmanoff... » Allons donc! cela ne se peut pas... Eh! oui... Rackmanoff... c'est votre nom?

ALEXIS.

Oui, monsieur : je ne vois pas ce qu'il y a d'étrange...

RACKMANOFF.

Rackmanoff!... encore un coup, c'est impossible!

ALEXIS.

Mais, monsieur, je puis vous assurer...

RACKMANOFF.

Tant de bonheur!... et puis un jeune homme...

ALEXIS, *à part*.

Il est fou, monsieur le chambellan! (*haut.*) Continuez, je vous prie.

RACKMANOFF.

Un instant! un instant, jeune homme!... Ah! mon Dieu! où êtes-vous né?

ALEXIS.

A Moscou.

RACKMANOFF.

Votre père était le dernier de sa famille? N'avait-il pas une sœur?

ALEXIS.

Mariée en Allemagne.

RACKMANOFF.

Un frère?

ALEXIS.

Mort en Sibérie.

RACKMANOFF.

Oublié?

ALEXIS.

Comme vous voudrez. C'était un vieil égoïste qui n'a jamais pensé qu'à lui.

RACKMANOFF.

Chut!... Votre père n'était-il pas bourru, prodigue?

ALEXIS.

Hélas! oui... il est mort fort pauvre.

RACKMANOFF.

Et madame votre tante laide, mais laide à faire peur?

ALEXIS.

Oh! c'est vrai!

RACKMANOFF.

Je suis son frère.

ALEXIS.

Vous, monsieur le comte? que dites-vous?

RACKMANOFF.

Eh! oui, son frère... est-ce que tu ne me reconnais pas?

ALEXIS.

Je vous trouve bien un air de famille...

RACKMANOFF.

Ah! mon ami, que je suis heureux de n'avoir pas le même compliment à te faire! tu ne sais pas combien j'aurais été peiné de retrouver en toi la tête de mes chers parens.

ALEXIS.

Je ne reviens pas de ma surprise.

RACKMANOFF, *à part*.

C'est qu'il est charmant!

ALEXIS.

Ah! mon cher oncle!... je m'attendais peu au plaisir de vous rencontrer ici.

RACKMANOFF, *à part*.

Des yeux superbes! une physionomie distinguée, une taille bien prise!... c'est un Adonis que ce garçon-là.

ALEXIS, *à part*.

Qu'est-ce qu'il a donc à me regarder comme ça mon oncle? est-ce que ses lubies le reprennent?

RACKMANOFF.

Il n'y a pas à la cour un cavalier qui puisse lui être comparé; et quand je pense que c'est mon neveu! Mais embrasse-moi donc! ce cher enfant!... ce cher... comment t'appelles-tu donc?

ALEXIS.

Alexis.

RACKMANOFF.

Ce cher Alexis! ah! tu ne me quitteras plus.

ALEXIS.

Mon oncle...

RACKMANOFF.

Tu ne me quitteras plus. Je ne veux pas te perdre de vue un instant. Diable! je n'ai que toi de neveu.

ALEXIS.

Quelle heureuse rencontre! Lorsque le hasard m'a conduit à Pétersbourg, je n'aurais pas deviné que mon oncle Rackmanoff, que je croyais mort, était devenu le chambellan comte Bakouninski. Les honneurs vous servent d'incognito.

RACKMANOFF.

Ce titre a été le prix d'un exil dont la cause est restée ignorée de tous. Je dois à la présence de ma femme à la cour d'avoir été envoyé en Sibérie.

ALEXIS.

Bah!

RACKMANOFF.

Et à sa vertu d'y être resté dix ans.

ALEXIS.

Comment cela?

RACKMANOFF.

Oui. Lorsqu'à l'avénement de notre auguste souveraine on rappela presque tous les exilés, le ministre chargé d'expédier les lettres de grâce s'avisa de faire la cour à ma femme et d'en devenir passionnément amoureux. Il osa mettre mon rappel à un prix!... enfin, ma femme m'aima trop pour me laisser revenir. Rien ne put lui faire oublier ses devoirs; et tant que le ministre est resté en place, moi, je suis resté là-bas. C'est avoir du ma... du bonheur, hein?

ALEXIS.

Enfin madame la comtesse a reparu avec vous à la cour?

RACKMANOFF.

A la cour? oh! non... je m'en garderais bien! je ne voudrais pas la savoir près de moi. Ce n'est pas que je ne l'aime... Oh! je l'aime beaucoup; mais elle a une étoile si malheureuse, et qui a sur moi tant d'influence!... tu as déjà pu en juger: je reprends la première cause de ma disgrâce. Le dernier czar, Pierre III, avait une telle admiration pour le roi de Prusse, qu'il se serait engagé caporal dans ses troupes.

ALEXIS.

J'ai entendu parler de cet engouement. On prétend même qu'il s'enfermait des heures entières avec Catherine, et tandis qu'on les croyait occupés de leur amour, il lui apprenait l'exercice à la prussienne.

RACKMANOFF.

Oui, mais ne m'interromps pas. Non content, pour plaire au czar, de porter, comme les autres courtisans, l'uniforme et les guêtres à la Frédéric, j'épousai une jeune prussienne, une femme charmante... la même qui a fait mon malheur. Elle ne parut qu'un jour, un seul à la cour, et elle y obtint un si brillant succès, que deux heures après je fus nommé ministre, et que le soir même la maîtresse de l'empereur la fit renvoyer dans sa famille, et moi, où tu sais. On pouvait être sûr que je ne trahirais pas les secrets de l'État, car je n'avais pas eu le temps d'ouvrir mon portefeuille. Juge de ma douleur, de celle de ma femme qui se trouvait veuve avant d'être mariée, pour ainsi dire, puisque je l'avais épousée le matin même de sa présentation! Il fallut obéir et partir à l'instant.

ALEXIS.

Comment! on ne vous accorda pas même un sursis de quelques heures?

RACKMANOFF.

Pas le temps d'embrasser ma femme.

ALEXIS.

Un jour de noce!... pauvre oncle!

RACKMANOFF.

Oui... partir pour l'exil et y rester dix ans!

ALEXIS.

Du moins vous avez eu la preuve qu'elle vous aimait!

RACKMANOFF.

Oh! ça! si je ne le croyais pas, j'y mettrais de la mauvaise volonté.

ALEXIS.

Si j'en pouvais dire autant! si j'étais sûr qu'elle eût gardé mon souvenir!

RACKMANOFF.

Qui donc?

ALEXIS.

Une jeune personne que j'ai rencontrée il y a bien longtemps déjà; je n'avais que dix-sept ans, j'étais sous-lieutenant dans l'armée de Frédéric. Charmante... d'une famille prussienne, comme ma tante... que ses parens marièrent malgré elle pendant mon absence, et dont le mari a été exilé en Sibérie, comme vous.

RACKMANOFF.

Oui, il y a beaucoup de maris dans ce pays-là... le dernier règne en a expédié assez. En avons-nous reçus en un an! on nous les envoyait par bataillons; le lendemain des noces... plus souvent le jour. A voir notre colonie se peupler si vite, je commençais à me persuader que les

amans étaient faits pour la cour, et les maris pour la Sibérie. Mais tous n'y sont pas restés si long-temps que moi.
ALEXIS.
J'espère bien que celui dont je vous parle y sera mort.
RACKMANOFF.
Que t'importe à présent? crois-tu que tu penseras long-temps encore à ton amour d'enfant? tu trouveras ici des distractions. Que diable, à ton âge on n'est plus sentimental comme à dix-huit ans.
ALEXIS.
Oh! je ne vous cacherai pas que depuis, quelques aventures...
RACKMANOFF.
Un instant! ne va pas faire de folies! et n'oublie pas surtout que pour réussir ici il faut des mœurs sévères. L'impératrice est la femme la plus vertueuse de la Russie.
ALEXIS.
Au moins tous les décrets le disent, même ceux signés du comte Orloff.
RACKMANOFF.
Chut!... diable! comme tu parles, toi! je te le répète, c'est la plus vertueuse et la plus belle.
ALEXIS.
Belle, c'est vrai; je l'ai vue tout à l'heure.
RACKMANOFF.
Tu l'as vue?
ALEXIS.
Je lui ai même parlé.
RACKMANOFF.
Parlé!... ah! malheureux! et tu ne me dis pas cela?
ALEXIS.
Comme j'arrivais au palais, Catherine sortait suivie d'une foule de courtisans. En faisant un signe à quelqu'un, elle laissa tomber son gant: je me baissai pour le ramasser. Un jeune homme, chamarré de cordons, qui marchait à ses côtés, voulut me retenir et le relever, je le prévins. Il me regarda avec mécontentement. Eh! messieurs, nous dit-elle, est-ce donc un défi que j'ai jeté entre vous deux? Comte, laissez ce jeune homme... chacun doit être libre de me rendre service. Je lui présentai son gant, et je rentrai dans la foule : voilà tout.
RACKMANOFF.
Voilà tout? mais c'est superbe! c'est plus que je ne devais espérer!... et elle t'a regardé?

ALEXIS.

Avec bienveillance : son regard même m'a suivi assez long-temps.

RACKMANOFF.

T'a suivi?... ah! mon ami! mon neveu! mon cher Alexis! mon sauveur!

ALEXIS.

Qu'avez-vous donc?

RAKCMANOFF.

Rien... la joie... le... embrasse-moi.

ALEXIS.

Pardon, mon cher oncle, mais j'ai peur que votre exil ne vous ait un peu troublé les idées.

RACKMANOFF.

Il n'y a pas un instant à perdre : il faut que tu entres dans les gardes aujourd'hui même.

ALEXIS.

Aujourd'hui?

RACKMANOFF.

Tu ne me refuseras pas, j'espère.

ALEXIS.

Non, mon bon oncle ; mais puisque vous êtes si obligeant, je vous avoue que j'aimerais mieux un grade dans l'armée, on avance plus vite.

RACKMANOFF.

Pas toujours... pas toujours... ici, dans les gardes, tu es auprès de moi, sous les yeux de l'impératrice. Elle t'a remarqué... elle t'a remarqué, mon ami... elle peut t'élever aux plus hauts grades... enfin que sait-on? Le cosaque Rozamouski, qui épousa secrètement Elisabeth, jouait du serpent dans la chapelle.

ALEXIS.

Mais, mon oncle, je ne sais pas jouer du serpent.

RACKMANOFF.

Il est impossible que Sa Majesté ne se rappelle pas ta figure. Elle te parlera ; elle te questionnera peut-être sur ta famille, ta fortune, tes projets... Il ne faut qu'un mot! Réponds à tout, et ne vas pas lui dire que tu es amoureux! Parle avec assurance : présente-toi bien. De l'esprit et le visage riant, du respect, le corps droit et le regard tendre.

ALEXIS.

Je veux mourir si je peux comprendre...

RACKMANOFF.

Ah! voici l'officier de service au palais. Je te laisse avec lui... c'est un jeune homme fort aimable... et moi je cours chez le comte Swanin, car il faut que je voie le ministre à l'instant.

SCENE VI.

POTEMKIN, RACKMANOFF, ALEXIS.

RACKMANOFF.

Monsieur, voici mon neveu : je le quitte pour quelques instans. Il est étranger au palais ; je vous le recommande. La réception publique de Sa Majesté n'aura lieu que demain : veuillez donner vos ordres en conséquence. (*à Alexis.*) Adieu, mon ami, mon cher ami... ne t'impatiente pas... reste ici... dans un quart d'heure, je t'apporte ta nomination.

SCENE VII.

POTEMKIN, ALEXIS.

ALEXIS.

Quel empressement! ce cher oncle! Je ne comprends pas trop quels sont ses projets : mais, ma foi, je me laisserai faire. (*à Potemkin après un temps.*) Monsieur est depuis long-temps à la cour? (*Potemkin ne répond pas et va s'asseoir.*) Mon oncle qui me disait que c'était un homme aimable.
(*Il s'assied aussi. Un silence.*)

POTEMKIN, *brusquement à Alexis, sans le regarder.*

De quel pays êtes-vous?

ALEXIS.

Russe.

POTEMKIN.

Quel état?

ALEXIS.

Militaire.

POTEMKIN.

Quel grade?

ALEXIS.

Lieutenant.

POTEMKIN.

Votre nom?

ALEXIS.

Alexis Rackmanoff.

POTEMKIN.

C'est bon!
(*Potemkin s'étale sur sa chaise, Alexis en fait autant. Nouveau silence.*)

ALEXIS, *brusquement*.

De quel pays êtes-vous?

POTEMKIN.

Russe.

ALEXIS.

Quel état?

POTEMKIN.

Officier aux gardes.

ALEXIS.

Quel grade?

POTEMKIN.

Lieutenant.

ALEXIS.

Votre nom?

POTEMKIN.

Potemkin.

ALEXIS.

C'est bon!
(*Ils se regardent tous deux et se mettent à rire.*)

POTEMKIN, *se levant*.

Vous êtes un garçon d'esprit... Vous me plaisez.

ALEXIS.

Vous aussi.

POTEMKIN.

Que venez-vous faire ici?

ALEXIS.

Ma foi, je ne sais trop. Et vous, qu'y faites-vous?

POTEMKIN.

Rien.

ALEXIS.

Monsieur Potemkin, allons-nous continuer la conversation par monosyllabes?

POTEMKIN.

Peu de mots, peu de sottises. Si vous êtes assez riche d'idées pour parler beaucoup, tant mieux pour vous; mais j'en doute. Au reste, bavardons ensemble, puisque vous le voulez. Vous allez me demander des nouvelles de la cour? La cour c'est Catherine; Catherine seule, reflétant sa gloire et son génie sur ce qui l'environne.

ALEXIS.

Et ses ministres?

POTEMKIN.

Des cerveaux étroits, routiniers : il n'y a pas dans tout le conseil une tête capable d'enfanter une grande pensée. Ce sont des hommes habiles, qui savent leur métier, mais qu'il faut mettre aux idées : pas de création. Qu'ils s'appellent Swanin, Orloff, ou autrement, peu importe : ces gens-là font partie de l'espèce, et n'ont pas de nom propre.

ALEXIS.

Vous m'étonnez : et mon oncle?

POTEMKIN.

Un vieux fou.

ALEXIS.

Je m'en suis douté.

POTEMKIN.

Plus ridicule que les autres.

ALEXIS.

Diable ! c'est mon seul protecteur. L'avancement est-il rapide?

POTEMKIN.

Je vous en fais juge : je suis officier aux gardes depuis dix ans... depuis la mort de Pierre III.

ALEXIS.

De sorte que voilà l'heureuse perspective que m'offre mon oncle ! Et les femmes sont-elles aimables, jolies?

POTEMKIN.

Assez pour vous, peut-être... pas assez pour moi. (*le regardant.*) Vous pourrez réussir près d'elles : c'est un moyen de fortune.

ALEXIS.

Oh ! franchement je ne le souhaite guère.

POTEMKIN.

Pourquoi? Vous êtes amoureux?

ALEXIS.

Oui.

POTEMKIN.

Et heureux?

ALEXIS.

De souvenir seulement.

POTEMKIN.

C'est déjà beaucoup.

ALEXIS.

Le hasard me fit rencontrer il y a dix ans environ une

jeune personne, d'une noble famille prussienne. Il m'aurait fallu un état, un rang, de la fortune pour la demander à son père... Nous avions commencé par nous aimer. Je m'éloignai : pendant mon absence on la maria. Je l'ai revue deux fois depuis dans sa famille : elle n'a jamais voulu m'apprendre le nom de son mari, et m'a même défendu de chercher à le connaître, de peur d'une querelle sans doute. Je l'avais perdue de vue; le hasard m'a fait découvrir sa retraite. Elle habite Moscou ou ses environs. Un de mes amis, que j'ai laissé dans cette ville, s'est chargé de prendre toutes les informations et de m'en faire savoir le résultat. J'attends sa lettre avec une impatience!... Je ne sais si elle pense encore à moi, mais je suis heureux de trouver quelqu'un qui m'écoute lorsque j'en parle.

POTEMKIN.

Vous l'aimiez bien?

ALEXIS.

Comme on aime à dix-sept ans, et pour la première fois. Chère Marie! elle était si jolie! des yeux si beaux et si tendres! tant de grâce dans sa personne! tant de douceur dans le son de sa voix!

POTEMKIN, *brusquement*.

Vous ne l'aimez pas.

ALEXIS.

Plaît-il?

POTEMKIN.

Eh! non, jeune homme!... L'amour ou la haine, et tous deux ensemble souvent remplissent le cœur de l'homme, et c'est assez de ces deux pensées-là pour s'en nourrir seul, et sans confident. Mais dire : ma maîtresse est belle, elle a de beaux yeux, une douce voix, elle m'aime, elle se nomme Marie... bavardage et vanité d'enfant! Celui-là ne sait ni aimer ni haïr, qui a besoin de dire aux autres son amour ou sa haine. C'est un livre ouvert dont le vent fait tourner les feuillets, où chacun peut lire, ajouter une ligne ou faire une rature. Vous aimez! pourquoi me le dites-vous? Vous aimez! celle-là fut la première, mais combien depuis! Adieu, Alexis; vous m'avez plu d'abord, et mon premier coup d'œil ne me trompe pas; je vous aime : comptez sur moi. Adieu, mon service m'appelle. Vous êtes neuf à la cour : n'allez pas au-devant des courtisans le cœur sur la main. Celui qui sème ainsi sa pensée la fait avorter; celui qui la garde pour lui seul la rend féconde. Adieu.

(*Il sort.*)

SCENE VIII.

ALEXIS, *seul*.

Et de deux! Mon cher oncle me semblait déjà un peu original; mais celui-là! il paraît que c'est une collection curieuse que la cour de Catherine. Il me promet sa protection... merci, monsieur le lieutenant! N'a-t-il pas fait un beau chemin depuis dix ans, avec son système de discrétion!

SCENE IX.

RACKMANOFF, ALEXIS.

ALEXIS.
Eh! mon cher oncle! vous voilà tout en nage!

RACKMANOFF.
Ouf!... je reviens de chez Swanin.

ALEXIS.
Eh bien?

RACKMANOFF.
Je ne l'ai pas trouvé, mais je ne suis pas homme à me décourager pour quelques pas perdus. Il venait de sortir, et l'on m'a dit que je le retrouverais au palais. J'ai encore le temps de lui parler.

ALEXIS.
Oh! mon Dieu, mon oncle, ne prenez pas tant de peine : aujourd'hui ou demain...

RACKMANOFF.
Non, non : la fortune avec moi est à la minute; il y a un instant marqué qu'il faut saisir, et qui décide de notre sort.

ALEXIS.
Oh! pas toujours.

RACKMANOFF.
Si fait, si fait. Si j'avais autrefois présenté ma femme à tout autre moment, je n'aurais peut-être pas été envoyé en Sibérie... c'est-à-dire, j'y aurais toujours été plus tard, parce que ma femme était là, et que je n'aurais pas pu échapper à son influence.

ALEXIS.
Mais moi qui ne puis avoir les mêmes craintes...

RACKMANOFF.
Tu me brouilles les idées. Je voulais dire que l'impéra-

trice sera bientôt de retour et qu'il est urgent... J'aperçois Swanin ; allons, va-t-en. Passe dans la salle des gardes, et surtout ne te montre pas à ses yeux.

ALEXIS.

Il me semble au contraire qu'il faudrait me présenter.

RACKMANOFF.

Ah bien oui ! il ne t'accordera rien, s'il te voit.

ALEXIS.

Merci du compliment.

RACKMANOFF.

Tu ne me comprends pas. (*le poussant.*) Vite.

ALEXIS, *à part.*

Décidément je crois que Potemkin a raison.

SCENE X.

SWANIN, RACKMANOFF.

SWANIN, *à part en entrant.*

Un jeune homme a ramassé son gant ! s'est-il trouvé par hasard sur le passage de l'impératrice ? l'avait-on placé là ?

RACKMANOFF.

Eh bien ! monsieur le comte, vous n'assistez pas à la cérémonie ?

SWANIN.

Non, des affaires d'état de la plus haute importance m'ont retenu.

RACKMANOFF.

A propos d'affaires... J'ai un service à vous demander, monsieur le comte.

SWANIN.

Un service? je suis à vos ordres ; parlez.

RACKMANOFF.

Voici le fait. Il m'est tombé sur les bras un pauvre diable de parent...

SWANIN.

Que vous voudriez placer?

RACKMANOFF.

Si cela se peut.

SWANIN.

Que demandez-vous pour lui?

RACKMANOFF.

Oh! mon Dieu! presque rien. Son admission dans les gardes.

SWANIN.

Pourquoi ne pas me le présenter?

RACKMANOFF.

Je craignais d'abuser de vos momens.

SWANIN.

J'aurais été enchanté de le voir.

RACKMANOFF, *à part.*

Je conçois.

SWANIN.

(*à part.*) Ah! du mystère! (*haut.*) Quel âge a votre parent?

RACKMANOFF.

Mais de vingt-neuf à trente-cinq ans.

SWANIN.

Ah! ah! vous n'êtes pas sûr de son âge? Pourquoi ne pas l'employer dans l'armée? il avancerait plus rapidement.

RACKMANOFF, *à part.*

M'aurait-il deviné? (*haut.*) Oui... cela se peut. Je vous remercie de l'intérêt que vous lui témoignez: mais, à la cour, je le surveillerai, je l'aiderai de mes conseils dont je crois que le pauvre garçon a grand besoin. Esprit très médiocre, figure à l'avenant.

SWANIN, *après l'avoir regardé.*

Oui... cela se rencontre souvent ensemble. Je suis désespéré de ne rien pouvoir faire pour lui, mais l'admission dans les gardes est à la nomination du comte Orloff, qui est absent: je ne pourrais que lui présenter un candidat, et dans ce moment, je crois, il n'y a pas de place vacante.

RACKMANOFF.

Ah! combien je suis fâché que cela se rencontre ainsi!

SWANIN.

Croyez que je suis aussi peiné...

RACKMANOFF.

Monsieur le comte! pensez-vous avoir besoin de me le dire? est-ce que je ne connais pas votre obligeance? Il faudra bien que le pauvre garçon prenne son parti. Je tâcherai de lui être utile d'une autre manière... je le présenterai à l'impératrice.

SWANIN.

Ah! vous voulez le présenter à Sa Majesté? (*à part.*) Quelque folie!... eh! que sait-on?

RACKMANOFF.

Oh! mon Dieu! dès demain : c'est jour de réception. Elle a déjà eu tant de bontés pour moi, qu'elle daignera peut-être s'intéresser à mon protégé.

SWANIN, *à part.*

Quel ton d'assurance! si c'était... (*haut.*) Il est fâcheux que vous teniez absolument à faire entrer votre parent dans les gardes. Il serait plus facile de lui trouver un autre emploi, un emploi qui le retiendrait également à la cour.

RACKMANOFF.

Vous croyez?

SWANIN.

Sans être précisément attaché à la personne de Sa Majesté, il pourrait avoir un service au palais.

RACKMANOFF.

Je n'en demanderais pas davantage.

SWANIN.

Il est officier?

RACKMANOFF.

Il l'était, du moins, dans l'armée de Sa Majesté le roi de Prusse.

SWANIN.

Excellente recommandation! Vous ne voudriez pas le voir aide-de-camp?

RACKMANOFF.

J'en serais enchanté au contraire ; mais de qui?

SWANIN.

Du comte Orloff, par exemple.

RACKMANOFF.

Cet honneur... c'est que le comte est loin d'ici.

SWANIN.

Il sera bientôt de retour : d'ailleurs, toute sa maison a ordre de revenir. Il ne garde auprès de lui qu'un seul officier, et à moins d'événemens imprévus, votre parent l'attendrait à Pétersbourg.

RACKMANOFF.

Voilà qui est bien différent. Est-ce que vous seriez assez bon...

SWANIN.

Une lettre du comte me charge de pourvoir au remplacement d'un de ses aides-de-camp. J'ai le brevet signé de Sa Majesté: je vais y mettre le nom de votre parent.

RACKMANOFF.

Alexis Rackmanoff.

SWANIN.

Que dans une heure il vienne prendre son brevet dans mes bureaux.

RACKMANOFF.

Ah! monsieur le comte! (*à part.*) Les aides-de-camp sont toujours heureux : Orloff a commencé par-là. (*haut.*) Croyez que ma reconnaissance... vous ne savez pas à quel point vous m'obligez.

SWANIN.

Beaucoup, en effet, si j'en juge par l'empressement que vous avez mis à solliciter en faveur de M. Alexis.

RACKMANOFF.

Il faut que je lui annonce cette nouvelle qui va le combler de joie; il faut aussi que je donne mes derniers ordres pour l'arrivée de Sa Majesté : je vous quitte, monsieur le comte. Si mon parent réussit à la cour, s'il y fait son chemin, comme je l'espère, c'est à vous qu'il le devra, et croyez bien que je ne l'oublierai jamais. (*à part.*) Allons! je ne tarderai pas à être en faveur. Confiance qui m'a déjà valu une fois la Sibérie... heureusement, ma femme n'est pas ici. (*haut.*) Adieu! comptez sur ma reconnaissance.

SCENE XI.

SWANIN, *seul.*

Si je n'avais affaire qu'à des intrigans de cette espèce, je ne craindrais rien. Il m'a pourtant effrayé, avec sa présentation... Il faudra bien qu'on voie ce monsieur Alexis, et si mes craintes ne sont pas fondées, le chambellan n'a encore qu'une promesse.

SCENE XII.

ALEXIS, SWANIN.

ALEXIS, *à part.*

Mon oncle me donne pour consigne de ne pas rentrer ici avant qu'il m'avertisse, et mon cher ami Potemkin fait exécuter la sienne en me renvoyant de toutes les autres salles du palais. (*voyant Swanin qui le regarde.*) Encore un qui m'examine de la tête aux pieds : décidément, j'ai quelque chose d'extraordinaire.

SWANIN, *à part.*

Si le signalement qu'on m'a donné est exact, c'est en effet ce jeune homme qui a parlé ce matin à l'impératrice. (*haut.*) Vous êtes le parent du comte Bakouninski?

ALEXIS.

Son neveu, monsieur. Est-ce à la ressemblance que vous m'avez reconnu?

SWANIN.

Pas précisément.

ALEXIS.

Tant mieux.

SWANIN, *à part.*

Pas si fou que je croyais. (*haut, allant à la table et signant le brevet.*) Voilà votre brevet, monsieur.

ALEXIS*.

Mon brevet!

SWANIN.

Oui, d'aide-de-camp du comte Orloff.

ALEXIS.

Du comte Orloff! c'est un rêve.

SWANIN, *écrivant.*

« Garder auprès de vous le jeune homme qui vous remettra cette lettre, ou le charger d'une mission périlleuse. » Vous allez partir à l'instant.

ALEXIS.

Partir!

SWANIN, *lui remettant des papiers.*

Ces dépêches sont pour le comte: Sa Majesté veut qu'elles lui soient transmises sans retard.

ALEXIS.

Il suffit.

SWANIN.

Montez à cheval: qu'avant une demi-heure vous ayez quitté Pétersbourg.

ALEXIS.

Je ne demande que le temps nécessaire pour revoir mon oncle.

SWANIN,

C'est inutile. Je vous le répète, vous n'avez pas de temps

---

* Swanin, Alexis.

à perdre : il y va de l'intérêt de l'État. Songez que tout doit lui être sacrifié, et que si l'on récompense le zèle ici, on punit sévèrement la désobéissance.

SCENE XIII.

ALEXIS, *seul*.

Aide-de-camp! voici le brevet! voici les dépêches! il paraît qu'on a en moi une grande confiance. Je ne sais pas pourquoi, par exemple... Comment! j'arrive, et à peine ai-je retrouvé un oncle qui m'étouffe de ses embrassemens, que je suis nommé à un poste que l'on envie! chargé d'une mission importante! mais c'est un séjour délicieux que la cour : on n'a qu'à se laisser faire. Tout se passe ici avec une promptitude...

SCENE XIV.

ALEXIS, RACKMANOFF.

RACKMANOFF.
Où cours-tu donc ainsi? je te cherchais partout.

ALEXIS.
Ah! mon cher oncle! embrassez-moi, et adieu.

RACKMANOFF.
Adieu!

ALEXIS.
Je pars.

RACKMANOFF.
Plait-il?

ALEXIS.
Voici mon brevet.

RACKMANOFF.
Qui te l'a remis?

ALEXIS.
Un monsieur qui était ici; un ministre, sans doute.

RACKMANOFF.
Swanin! il t'a vu? ah! malheureux! et il t'a dit de partir?

ALEXIS.
En me confiant ces dépêches.

RACKMANOFF.
Tout mon plan renversé! il a tout compris!

ALEXIS.

Ne me retenez pas.

RACKMANOFF.

T'éloigner! est-ce que l'on quitte comme ça son oncle? Non : tu ne sais pas ce que tu abandonnes!

ALEXIS.

Que puis-je désirer de mieux? aide-de-camp du comte Orloff!

RACKMANOFF.

Et si je t'avais fait obtenir autre chose?

ALEXIS.

Une prison, peut-être, pour avoir désobéi... merci. (*On entend de nouveau le canon.*)

RACKMANOFF.

L'impératrice rentre au palais.

ALEXIS.

Si le ministre me voit!

RACKMANOFF.

Elle va s'arrêter dans cette salle.

ALEXIS.

J'ai encore le temps.

RACKMANOFF.

Elle te reconnaîtra.

ALEXIS.

C'est ce que je ne veux pas.

RACKMANOFF.

Elle vient.

ALEXIS.

Laissez-moi, laissez-moi, mon oncle.

RACKMANOFF.

Je monterais plutôt à cheval pour porter moi-même tes dépêches... Reste. Je te l'ordonne, au nom de toute l'autorité que j'ai sur toi.

ALEXIS.

Mais vous me perdez, monsieur, vous me perdez.

RACKMANOFF.

Reste là... et souviens-toi de ce que je t'ai dit : de l'esprit, si tu peux, le visage riant, du respect et le corps droit.

SCÈNE XV.

ALEXIS, RACKMANOFF, CATHERINE, SWANIN, DEUXIÈME et PREMIER COURTISANS, TOUTE LA COUR.

CATHERINE.

Je vous remercie, messieurs, de ces témoignages d'amour. N'oubliez pas pourtant que toute la gloire de nos armes revient au dieu qui protége la Russie.

SWANIN.

Nos premiers remerciemens ont été pour lui, et les seconds s'adressent à Votre Majesté.

CATHERINE.

C'est un événement heureux pour l'empire.

SWANIN.

Votre Majesté nous a accoutumés à n'en pas connaître d'autres.

CATHERINE.

Toujours flatteur!... Le comte Pratinski a pris de vos leçons, monsieur : en une heure, j'ai reçu de lui plus de complimens qu'un vieux courtisan n'en pourrait débiter en un mois. Messieurs, priez encore Dieu pour le succès de nos armes. Nous avons pris la ferme résolution de pacifier la Pologne : une nouvelle armée y entrera. L'humanité, la tolérance m'en font un devoir. Je suis d'accord avec la Prusse... et le cabinet de Versailles me laissera faire. (*à Swanin.*) Monsieur, des villes nombreuses se sont élevées sur tous les points de l'empire : je ne veux pas qu'elles soient désertes. Les travaux de la ville de Sophie restent incomplets.

SWANIN.

Si peu d'habitans se présentent...

CATHERINE.

Appelez-y des étrangers : offrez de grands avantages à ceux qui viendront s'y fixer; enfin, monsieur, arrangez-vous pour que tout cela se fasse promptement. Rien ne s'achève. Je veux voir les travaux de Sophie terminés, entendez-vous? Ses maisons tombent déjà. Si c'est là le sort d'une ville élevée sous mes yeux, quel doit être celui des cités que je fonde dans des déserts éloignés? En vérité, je serais tentée de croire que parmi les soixante-dix villes que j'ai déjà bâties, plusieurs ne sont encore qu'un poteau où on a écrit leur nom, et marqué leur emplacement.

SWANIN.

Votre Majesté a tant de grandes idées, que la rapidité même avec laquelle elles se succèdent nuit quelquefois à leur exécution. La guerre de Turquie a fait oublier la Pologne; la Grèce a effacé la Turquie, et la Tauride à son tour a remplacé la Grèce.

CATHERINE.

C'est un peu vrai, monsieur : une grande idée me distrait facilement d'une autre. C'est pour cela que j'ai besoin de votre zèle. La vie est courte, messieurs, et nous avons de grandes choses à accomplir. La Russie n'est pas encore la première puissance de l'Europe, elle le deviendra, s'il plaît à Dieu.

SWANIN.

La Turquie humiliée atteste déjà la puissance de vos armes. Ah! combien cette paix glorieuse va causer de joie au comte Orloff!

CATHERINE.

Nous ne voudrions pas que le désir de nous revoir lui fît commettre quelque imprudence : mais qu'il soit promptement instruit de cette heureuse nouvelle.

SWANIN.

J'avais prévenu les ordres de Votre Majesté : le courrier est déjà parti.

ALEXIS, *bas à Rackmanoff*.

Aie!... Laissez-moi m'en aller.

RACKMANOFF.

Non pas.

CATHERINE.

Qui avez-vous chargé de cette mission?

SWANIN.

Un neveu de M. le comte Bakouninski.

ALEXIS, *bas à Rackmanoff*.

Je me sauve.

RACKMANOFF.

Attends! (*voyant qu'Alexis va lui échapper, il renverse un fauteuil.*)

CATHERINE, *se retournant au bruit*.

Qu'y a-t-il?

RACKMANOFF.

C'est ce jeune homme qui dans sa précipitation... dans son empressement de voir Votre Majesté... (*Il pousse Alexis devant lui.*)

CATHERINE, *à Alexis*.

Vous oubliez où vous êtes, monsieur. Mais si je ne me

trompe, c'est le jeune officier que nous avons rencontré ce matin sur notre passage? Approchez, monsieur: vous vous troublez, je crois, en notre présence : vous étiez moins timide tout à l'heure.

ALEXIS.

Je n'avais pas encore déplu à ma souveraine.

CATHERINE.

Elle n'est peut-être pas inexorable.

ALEXIS.

Elle le deviendrait si elle connaissait toute l'étendue de ma faute, car je devrais être parti : c'est moi qui étais chargé de porter des dépêches à M. le comte Orloff, et le brevet d'aide-de-camp était le prix de mon exactitude... Le voici, madame, je ne l'ai pas mérité.

SWANIN, *à part.*

Je respire.

CATHERINE, *à Alexis.*

Qui a pu vous porter à désobéir ainsi?

ALEXIS.

Le désir de revoir Votre Majesté.

RACKMANOFF, *à part.*

Je suis sur des charbons ardens.

CATHERINE.

Ce désir est trop flatteur pour moi ; je ne puis m'en offenser : mais il n'eût pas dû vous faire oublier vos devoirs.

RACKMANOFF.

Que Votre Majesté daigne ne considérer dans l'intention de mon neveu...

CATHERINE.

Laissez-le se justifier. Monsieur, je crois, est fort en état de répondre.

ALEXIS.

Rien ne peut m'excuser, sans doute ; je suis coupable.

CATHERINE.

Vous portez l'uniforme prussien, monsieur, et vous avez servi sous Frédéric?

ALEXIS.

Oui, madame.

CATHERINE.

Vous avez été habitué à une discipline rigoureuse : croyez-vous que Frédéric laisserait passer, sans la punir, une infraction à ses ordres?

ALEXIS.

Non, madame.

CATHERINE.

Et quelle serait la peine? votre faute est grave. Le comte Orloff aurait pu croire qu'il avait encouru ma disgrâce. Quelle serait la peine? La plus sévère, sans doute.

ALEXIS, *vivement.*

En temps de guerre, et la veille d'une bataille, mais non le lendemain d'une victoire.

CATHERINE.

Vous croyez? Allons... je vois qu'en vous accusant, vous n'oubliez pas vos moyens de défense.

ALEXIS.

Je n'ai recours qu'à la bonté de Votre Majesté.

CATHERINE.

Vous croyez donc votre souveraine bien indulgente?

ALEXIS.

Puisqu'elle daigne m'écouter.

CATHERINE, *avec plus d'intérêt, sur le devant de la scène.*

Qu'étiez-vous venu faire à Pétersbourg?

ALEXIS.

Chercher fortune.

CATHERINE.

Et vous espériez la rencontrer ici plutôt qu'ailleurs?

ALEXIS.

La présence de Votre Majesté ne doit-elle pas être favorable à tout ce qui l'approche? Loin de ses yeux, je n'aurais pu jamais prendre ma part des faveurs qu'elle répand, et j'ai voulu m'approcher du lieu d'où s'échappent ses bienfaits. Sans appui, sans protection, riche d'espoir seulement, je suis venu en me disant : puisqu'elle a toujours su fixer la fortune, chacun près d'elle doit en trouver sa part.

CATHERINE.

Vos dépêches, monsieur. (*aux courtisans.*) Y a-t-il parmi vous, messieurs, quelqu'un qui veuille bien s'en charger? C'est un service que nous demandons. (*Potemkin se présente.*) Monsieur Potemkin!... Il est juste que je vous remette aussi le brevet d'aide-de-camp.

POTEMKIN.

Daignez m'excuser, madame : je n'ai jamais servi que Votre Majesté et je demande à ne servir qu'elle.

CATHERINE.

Vous avez raison, monsieur, elle perdrait trop à vous éloigner de sa personne. (*Potemkin sort : à Swanin.*) Vous mettrez un autre nom sur ce brevet, monsieur le comte.

RACKMANOFF, *à part.*

Tout est perdu !

CATHERINE.

Monsieur Alexis restera ici pour garder les arrêts militaires.

ALEXIS.

Comme officier au service de Prusse ou de Votre Majesté ?

CATHERINE.

Je vous laisse le choix.

ALEXIS.

Ah ! le mien n'est pas douteux.

CATHERINE.

Vous serez peut-être fâché de rester ?

ALEXIS.

Près de ma souveraine ?

CATHERINE.

Auprès de votre oncle.

ALEXIS, *avec vivacité.*

Tant de bontés...

CATHERINE, *feignant de croire qu'il a voulu lui baiser la main.*

Monsieur !... C'est beaucoup de hardiesse... mais je pardonne en mémoire du service que vous m'avez rendu ce matin. (*Elle ôte son gant et lui donne sa main à baiser.*) Cette faveur comptera pour la première que vous mériterez de nous.

RACKMANOFF, *à part.*

Cela va bien.

PREMIER COURTISAN, *au second.*

Est-ce un disgrâce ?

DEUXIÈME COURTISAN.

Regardez la figure du comte Swanin.

CATHERINE.

Je vous ai ordonné les arrêts jusqu'à demain, et j'oublie en restant ici que j'abrége votre punition. (*à Rackmanoff.*) Monsieur le chambellan, les torts de votre neveu ne sont pas les vôtres. Je sais que pendant votre long exil votre fortune a beaucoup souffert : vous m'aviez présenté une réclamation à ce sujet ; nous tâcherons de réparer l'injustice dont vous avez été victime.

RACKMANOFF, *bas à Alexis.*

Tu es lancé.

CATHERINE.

Cet oubli même mérite de notre part un dédommagement. Je vous fais chevalier de l'ordre de Saint-André.

RACKMANOFF, *bas à Alexis.*

Dois-tu être enchanté!

CATHERINE.

Faites conduire votre neveu en prison.

RACKMANOFF, *de même.*

Tu fais joliment ton chemin.

SWANIN.

Le comte Pratinski pourra-t-il se présenter chez Votre Majesté?

CATHERINE.

Je le ferai prévenir si je veux le recevoir.

SWANIN.

Un refus!... (*écrivant sur ses tablettes.*) Savoir à l'instant ce qu'est ce jeune homme et ce qu'il a fait jusqu'à ce jour.

DEUXIÈME COURTISAN, *au premier.*

Eh bien! monsieur?

PREMIER COURTISAN.

Tâchons d'être demain les premiers à lui faire notre cour.

DEUXIÈME COURTISAN.

On le met aux arrêts aujourd'hui, demain on prendra ses ordres.

PREMIER COURTISAN.

Cela doit être ainsi, monsieur: quand les femmes sont sur le trône, les hommes gouvernent.

(*Pendant ce dernier dialogue, l'impératrice a remonté le théâtre et s'est dirigée vers son appartement. Alexis et Rackmanoff traversent la scène et vont se ranger devant la foule des courtisans, à la gauche de l'acteur. Catherine est seule à droite, près de la porte qui conduit chez elle. Elle fait un léger salut. Tout le monde s'incline respectueusement. La toile tombe.*)

FIN DU PREMIER ACTE.

ACTE II.

Le théâtre représente un salon dans les petits appartemens. A la droite de l'acteur, la chambre à coucher de l'impératrice : à côté, mais au fond, les appartemens du favori. Un canapé sur le premier plan. A gauche, une porte près de laquelle est une table couverte de papiers et de livres : table de jeu et grande porte dans le fond. Au lever du rideau, on entend sonner six heures à une pendule.

SCENE PREMIERE.

CATHERINE, *en négligé du matin. Elle sort de sa chambre et vient s'asseoir près de la table.*

Six heures ! Je croyais m'être éveillée aujourd'hui plus tard que de coutume. Ils dorment tous. De tous les souverains, je parie qu'il n'y a que Frédéric et moi de levés à cette heure... aussi, compte-t-on beaucoup de rois en Europe ? (*regardant sur la table.*) Mes dépêches ! ah ! du roi de Prusse. (*Elle lit.*) « J'ai reçu votre célèbre projet de « législation, ayant pour titre : *Instruction pour le Code*, « écrit en entier de votre main. En l'étudiant, j'ai cru re- « lire Beccaria et Montesquieu. L'Europe retentit d'applau- « dissemens et vous donne le nom de législatrice du nord. « Jamais ouvrage n'a paru plus digne de l'attention des « hommes, et n'a donné à son auteur plus de titres à l'ad- « miration et à la reconnaissance du genre humain. » (*à elle-même.*) Oui... ce fut une grande pensée que celle de mander dans Moscou les députés de toutes les provinces de mon empire, pour créer un code universel de lois. Grande pensée, en effet, que j'ai laissée sans résultat, qui s'est réduite à conserver le despotisme en Russie, mais dont l'Europe a été la dupe, et qui est restée pour moi seule un ouvrage de faste et d'ambition. (*Elle continue à voix basse la lecture de sa lettre. Écrivant.*) « Vous êtes un flatteur, qui m'eni- « vrez d'encens ; je ne crois pas à vos éloges exagérés : ap- « prouvez-moi, cela me suffit ; votre suffrage est ce que j'am- « bitionne le plus au monde. Quoi que vous en disiez, mes « Russes ne sont pas aussi barbares qu'on affecte de le croire « en Europe. Vous me parlez un peu comme un philosophe, « grand faiseur de lois, qui est venu ici dernièrement pour

« nous législater. Il nous supposait marchant à quatre pattes,
« et très poliment il s'était donné la peine de venir de la
« Martinique pour nous dresser sur nos pieds de derrière.
« Je vous remercie du cordon de l'Aigle de Prusse que vous
« avez envoyé au comte Alexis, mon aide-de-camp : c'est un
« jeune homme charmant, qui vous admire, qui m'est tout
« dévoué, et qui, depuis un mois qu'il est à la cour, a su se
« concilier tous les suffrages. »

SCÈNE II.

ALEXIS, CATHERINE.

ALEXIS, *qui est entré pendant les derniers mots.*
Sa Majesté pense-t-elle véritablement ce qu'elle écrit?

CATHERINE, *se retournant avec vivacité.*
Ah! c'est vous!... Vous m'écoutiez ?

ALEXIS.
Quelques mots entendus malgré moi...

CATHERINE.
Vous savez que je n'aime pas qu'on épie mes pensées. (*souriant.*) Aussi bien, j'aurais pu dire de vous beaucoup de mal.

ALEXIS.
Votre Majesté est trop indulgente pour cela. Je puis l'assurer d'ailleurs que dans les éloges qu'elle daigne me donner, il n'y a de vrai que mon dévouement à sa personne.

CATHERINE.
Vous me permettrez de penser différemment.

ALEXIS.
A qui cette lettre est-elle adressée?

CATHERINE.
A Frédéric que je remercie pour vous.

ALEXIS.
Je suis confus de toutes les bontés dont ma souveraine m'honore.

CATHERINE.
Je ne suis pas aussi méchante qu'on le dit, n'est-ce pas? Ceux qui ne me voient que dans les jours de cérémonie, avec mon visage d'apparat, me croient impérieuse et hautaine, mais au fond je suis assez bonne femme. J'ai à vous annoncer une nouvelle qui peut-être vous sera agréable. (*Elle se lève.*) Votre oncle m'avait demandé le titre de dame d'honneur pour son épouse. Je n'avais rien promis, car je craignais de mécontenter madame Swanin qui ambitionnait depuis

long-temps cette faveur : mais j'ai si bien cajolé le mari, qu'il a cédé à mes instances et qu'il s'est chargé de faire entendre raison à sa femme. Ainsi, vous pouvez annoncer à votre oncle que madame la comtesse Bakouninski est nommée dame d'honneur de l'impératrice. (*Elle s'assied sur le canapé.*)

ALEXIS*.

Tant de bontés...

CATHERINE.

Est-elle aimable au moins, ma nouvelle dame d'honneur? Car en vérité je l'approche de ma personne sans l'avoir jamais vue; elle doit m'être présentée aujourd'hui pour la première fois.

ALEXIS

Je ne la connais pas : elle habite une terre aux environs de Moscou, et n'est arrivée qu'hier à Pétersbourg : on la dit jeune.

CATHERINE.

Comment! ce cher comte à son âge a pu faire la folie de se marier! Il a une figure à rester garçon.

ALEXIS.

C'est ce que je lui ai dit aussi. Mais à quoi bon? Sa femme avait à peine quinze ans lorsqu'il l'a épousée.

CATHERINE.

Vraiment! et à quelle époque?

ALEXIS.

Mais sous le dernier règne. (*voyant que la figure de l'impératrice se rembrunit tout à coup.*) Quelque temps avant d'être présenté à l'ancienne cour, avant l'avénement de Votre Majesté.

CATHERINE.

Oui, pendant l'époque qui précéda son ministère d'un jour : lorsque je vivais retirée dans un coin du palais; que ma vie était menacée; qu'un scandaleux divorce allait marquer d'infamie la naissance de mon fils. Mauvais moyen d'assurer alors sa fortune, monsieur, que d'avoir une femme jeune et jolie : et cependant il y avait des favorites auprès du trône. Luxe inutile, en vérité!... à moins qu'elles ne fussent là pour apprendre, comme moi, l'exercice à la prussienne. Il me semble pourtant que j'étais bonne à autre chose. Laissons cela et parlons de vous. Savez-vous que dans notre première entrevue, vous avez été bien audacieux de vous présenter ainsi à moi, sans que je vous aie adressé la parole?

* Catherine, Alexis.

ALEXIS, *appuyé sur le canapé.*

Oh! je ne vous savais pas alors si indulgente et si bonne ! Quelque désir que j'eusse de vous parler, je n'aurais jamais osé le faire sans mon oncle... c'est lui qui m'a jeté sous vos pas.

CATHERINE.

Ah! le cher oncle comptait bien sur votre mérite.

ALEXIS.

Vous avez daigné le justifier.

CATHERINE.

J'aime assez votre remarque : elle ne manque pas de vanité.

ALEXIS.

Quel homme n'en aurait pas, comblé, comme je le suis, des faveurs de ma souveraine?

CATHERINE.

Taisez-vous donc! monsieur le capitaine, le lieutenant au service de Prusse.

ALEXIS.

Oh! lieutenant, pas davantage. N'ayant d'autre protection pour s'avancer que ses services, et qui peut-être serait mort lieutenant, si un regard de sa souveraine ne l'eût tiré de la foule pour l'élever au rang...

CATHERINE.

De son aide-de-camp. Ainsi, tous vos désirs sont satisfaits?

ALEXIS.

Et que me reste-t-il à souhaiter au monde? Une seule chose, peut-être : de pouvoir prouver à Votre Majesté ma reconnaissance, en exposant pour elle ma vie dans ses armées, et en cherchant ainsi à contribuer à sa gloire.

CATHERINE, *se levant.*

Je vous remercie, Alexis. Il entre dans votre offre un peu d'ambition, peut-être. Oh! renoncez-y! des titres, des rubans, prenez-les, je vous les donne : mais nous demander à vous éloigner de nous! je n'y consens pas; je n'y consentirai jamais... mais jamais, entendez-vous?

SCENE III.

LES MÊMES, UN HUISSIER.

L'HUISSIER.

Les ministres de Sa Majesté.

CATHERINE.

C'est bien. Mais faites-nous grâce de l'étiquette, monsieur : gardez cela pour les grands appartemens. Nous n'avons pas besoin d'huissier ici. (*L'huissier sort. A Alexis, en allant à la table.*) Restez au conseil, et quand vous vous ennuierez trop, voici un volume de Voltaire.

SCENE IV.

ALEXIS, SWANIN, CATHERINE, DEUX AUTRES MINISTRES.

CATHERINE.

Bonjour, messieurs, nous vous attendions. (*Elle s'assied à la table. Les deux ministres, après avoir salué l'impératrice, vont faire leur cour à Alexis qui s'est étendu sur le canapé, parcourant avec nonchalance le volume que lui a donné Catherine. Ils s'inclinent respectueusement devant lui, attendant qu'il leur adresse la parole.*)

CATHERINE, *à Swanin.*

S'est-il passé quelque chose de nouveau à la cour, monsieur le comte?

SWANIN.

Oh! rien, madame! de petites intrigues, de petites noirceurs, comme toujours.

CATHERINE.

Comment, vous n'aurez rien à nous raconter ce soir, vous qui devez être si bien informé? c'est la première fois que cela vous arrive.

SWANIN.

Si Sa Majesté veut attendre jusqu'à ce soir (*regardant du côté d'Alexis.*), il est probable que j'aurai le temps de recueillir quelque anecdote, assez piquante, peut-être.

CATHERINE.

Oui, vous savez combien cela me divertit.

ALEXIS, *à un des ministres.*

Prince, votre fête d'hier était charmante: vos jardins d'hiver sont délicieux. (*à l'autre.*) Vous avez un attelage tartare d'une grande beauté, monsieur le comte : comment vous l'êtes-vous procuré?

CATHERINE, *aux ministres.*

Eh bien?

SWANIN.

Ces messieurs font leur cour à Votre Majesté.

CATHERINE, *qui lui a lancé un regard sévère.*

Je vous attends, messieurs. (*Les ministres vont s'asseoir à la table.*)

PREMIER MINISTRE*.

Voici l'oukase impérial qui augmente d'un cinquième la paie de tous les officiers de l'armée.

SWANIN.

Le décret impérial qui ordonne d'établir à Pétersbourg et dans d'autres villes les manufactures et fonderies qui manquent à l'empire. Le décret qui mettra à ma disposition les sommes nécessaires à l'achèvement du superbe quai de la Newa. L'immennoï-oukas qui autorise la fondation de quinze villes dans les provinces désignées.

CATHERINE.

C'est bien : donnez. (*au deuxième ministre.*) Monsieur, dix mille hommes marcheront encore en Pologne. Ils seront placés sous le commandement de Souwarof et renforceront notre armée. Il est temps de rétablir la paix dans ce malheureux pays.

SWANIN.

Voilà déjà long-temps que les armées de Votre Majesté y travaillent; et cependant les ordres sévères qu'elles ont exécutés n'ont pu empêcher la confédération de Barr de se former.

CATHERINE.

Les confédérés sont battus sur tous les points. Quel motif leur a fait prendre les armes? le désir d'être libres, disent-ils? Non : celui de rétablir les droits des catholiques à l'exclusion de ceux des autres cultes; et pourquoi? parce qu'ils prétendent que la noblesse dissidente suivant presqu'en entier le rite grec, qui est le mien, et étant sous mon influence, je ne veux que donner part à mes prêtres et à ma noblesse dans une souveraineté étrangère. Faible prétexte, sous lequel se cache mal leur fanatisme. Si, par le fait, mes troupes établissent en Pologne ma religion par la force des armes, leur unique but est d'y combattre l'intolérance. Aussi, écoutez les philosophes vanter les lois que j'ai données à ce royaume par amour du genre humain!

PREMIER MINISTRE.

Voici les dernières nouvelles de ce pays : les châteaux des insurgés sont détruits, leurs terres ravagées, leurs familles enlevées.

CATHERINE.

C'est bien. Écrivez à mon ambassadeur à Varsovie qu'il ne doit plus y avoir de grâce pour eux. La Pologne est bien grande, messieurs, et ne peut se gouverner malgré mes soins. Je verrai ce matin l'ambassadeur de Prusse.

* Alexis, Swanin, Catherine, deuxième ministre, premier ministre.

SWANIN.

Que Votre Majesté y réfléchisse : elle est déjà maîtresse de la Courlande; elle règne presque en Lithuanie; les autres provinces de la Pologne obéissent à ses ordres : il y a un vieux proverbe de ce pays qui dit : on ôte à un Polonais son habit et même sa veste; mais dès qu'on veut lui ôter sa chemise, il reprend tout.

CATHERINE.

Allons, j'y penserai.

SWANIN, *se levant.*

Monsieur le comte Alexis a vu les choses de près et a pu en juger : il faisait partie de l'armée d'observation de S. M. le roi de Prusse.

ALEXIS.

Dites armée d'occupation, monsieur; car nous vivions chez nos amis les Polonais, et à leurs dépens. Oh! Frédéric est économe!

SWANIN.

En nous félicitant que monsieur le comte ait quitté son service, combien nous regrettons qu'il ne soit pas venu sur-le-champ à Pétersbourg, au lieu de perdre deux grands mois à Moscou, et pourquoi?

ALEXIS.

Comment savez-vous, monsieur?

CATHERINE, *se levant.*

Oh! monsieur Swanin sait tout : je vous le donne pour l'homme le plus dangereux de mon empire.

SWANIN.

Votre Majesté me fait trop d'honneur.

CATHERINE, *à demi-voix en l'amenant sur le devant de la scène.*

Les correspondances particulières vous ont-elles appris quelque chose de nouveau?

SWANIN.

Elles contiennent en général l'expression de l'amour que l'on porte à Votre Majesté; du bonheur et de la liberté dont on jouit sous son règne. (*regardant du côté d'Alexis.*) Quelques-unes cependant ne sont pas dénuées d'intérêt... J'en ai fait prendre copie à la poste, selon ma coutume.

CATHERINE.

Assurez-vous de la discrétion de vos agens; car, excepté eux, nul dans l'empire ne sait ce qui se passe, et je ne veux pas qu'on en soit instruit. (*aux ministres.*) Au revoir, messieurs. (*Elle prend le bras d'Alexis et rentre dans son appartement. Les deux ministres sortent.*)

SCENE V.

SWANIN *seul, regardant sortir Alexis et l'impératrice.*

Oui... jouissez de votre élévation, M. le comte; jouissez-en vite. Rien n'a pu nuire à votre faveur jusqu'à ce jour; mais il ne faut peut-être que vous offrir l'occasion de vous perdre, et je la tiens. Bakouninski m'a joué indignement, et c'est de lui surtout que je prétends me venger. Je voudrais être là à la réception de la lettre de Moscou... N'est-ce pas trop tôt? non; l'impératrice est prévenue; il ne pourra plus reculer. Ah! le voici, ce cher comte! je ne l'ai jamais vu si gonflé de sa faveur. Dieu me pardonne! il ne peut plus tenir dans son habit de chambellan!

SCENE VI.

SWANIN, RACKMANOFF.

RACKMANOFF, *à un huissier qui lui remet une lettre.*

Pardon. (*à un domestique.*) Passe chez mon libraire: je veux avoir ma bibliothèque aujourd'hui: c'est à lui de la composer; il doit savoir cela mieux que moi, c'est son affaire. De gros livres en bas, des petits en haut: comme chez l'impératrice.

SWANIN.

Monsieur le comte fait preuve de goût.

RACKMANOFF.

N'est-ce pas? depuis huit jours que S. M. a daigné me nommer membre de son académie, il est scandaleux que je n'aie pas encore de bibliothèque! tous mes collègues en ont: que diable! c'est comme l'habit ça... c'est indispensable à un académicien! Sans cela, à quoi donc pourrait-on vous reconnaître?... Mais, pardon, je passe chez monsieur le premier aide-de-camp.

SWANIN.

Vous ne pourrez le voir en ce moment: il est chez Sa Majesté.

RACKMANOFF.

Ah! j'attendrai. Eh bien! monsieur le comte, donnez-moi donc des nouvelles de M. Orloff: on dit que depuis un mois sa santé ne s'est pas améliorée.

SWANIN.

Je crois que l'air de la capitale le rétablirait.

RACKMANOFF.

Pas maintenant, c'est trop tard; mais il eût bien fait de ne pas quitter Pétersbourg.

SWANIN.

Il y a des événemens si peu probables, et dont nous sommes à chaque instant menacés... Mais, à propos, dites-moi si madame la comtesse Bakouninski est arrivée en bonne santé; car elle doit être ici?

RACKMANOFF.

D'hier soir, et je la présente ce matin à Sa Majesté. Elle va venir.

SWANIN.

Ses attraits, dit-on, peuvent être comparés à ceux de l'impératrice: ils vont faire ici des jaloux, monsieur le comte.

RACKMANOFF, *à part.*

Pourvu qu'ils ne me renvoient pas en Sibérie!

SWANIN.

Dieu veuille qu'ils ne fassent pas de jalouse!

RACKMANOFF, *à part.*

Ce serait avoir du malheur.

SWANIN.

Ah! j'oubliais: j'ai une prière à vous faire de la part de M. le directeur-général des postes: engagez donc vos amis à ne plus adresser leurs lettres à M. Rackmanoff, mais bien à M. le comte Bakouninski. On est à chaque instant exposé à confondre votre correspondance avec celle de monsieur votre neveu, et à remettre ainsi à l'un les lettres adressées à l'autre.

RACKMANOFF.

C'est juste, c'est juste. (*montrant sa lettre.*) Celle-ci est dans ce cas: M. Rackmanoff.

SWANIN.

Vous voyez, on peut ainsi commettre des erreurs désagréables.

SCÈNE VII.

ALEXIS, LES PRÉCÉDENS.

ALEXIS.

Ah! mon oncle, je vous rencontre à propos: madame la comtesse est nommée dame d'honneur de l'impératrice. Sa Majesté veut la voir ce matin même, avant de passer dans les grands appartemens.

RACKMANOFF.

Il serait vrai?

ALEXIS.

Je sais, monsieur le comte, ce que nous vous devons ; je sais avec quelle grâce vous avez cédé aux désirs de l'impératrice.

RACKMANOFF.

Eh bien! tenez, je ne l'aurais pas cru ; car c'est entre nous une lutte de famille : mais votre noble procédé me charme, et je devais peu m'y attendre ; je ne le méritais pas, en vérité. Il faut maintenant que je vous l'avoue : je n'ai demandé ce titre pour mon épouse...

SWANIN.

Que parce que je l'ambitionnais pour madame Swanin, n'est-ce pas? Je savais que je vous avais donné l'idée de solliciter cette nouvelle faveur.

RACKMANOFF.

Oh! c'est à vous seul que je la dois, cette idée : elle ne me serait pas venue à moi, car je m'étais bien promis de ne plus présenter à la cour madame la comtesse.

SWANIN.

Comment?

RACKMANOFF.

Non, elle n'y est pas heureuse.

SWANIN.

Elle le sera, je l'espère.

RACKMANOFF.

Grâce à vous.

SWANIN.

Grâce... à nous, qui tâcherons de lui en rendre le séjour agréable. Adieu, monsieur le comte. Elle se plaira ici, j'en suis certain. (*Il sort.*)

SCENE VIII.

ALEXIS, RACKMANOFF.

RACKMANOFF.

Ma foi, je n'en répondrais pas : elle a un si singulier caractère! Je ne lui ai fait part qu'hier, à son arrivée, du motif qui m'a fait la mander à Pétersbourg, prévoyant bien les difficultés qu'elle me ferait éprouver : effectivement, à peine lui ai-je dit qu'elle viendrait à la cour, qu'elle serait présentée à Sa Majesté par mon neveu, M. le comte Alexis, qu'elle m'a répondu par des soupirs, des sanglots, des prières de la laisser repartir... que sais-je, enfin? Il m'a fallu toute mon autorité pour la décider à rester. Elle est un peu maussade madame la comtesse.

ALEXIS.

Que me dites-vous là?

RACKMANOFF.

Manque de confiance dans son étoile; et le fait est qu'elle aurait tort de compter sur elle après ce qui est arrivé... et moi aussi : car c'est à moi particulièrement qu'elle en veut, son étoile! mais enfin, tu es là, monsieur le comte, et le bonheur qui t'accompagne...

ALEXIS.

Mais, mon oncle, ce bonheur c'est à vous que je le dois : avant de vous retrouver, rien ne m'avait réussi; j'ai été cent fois plus malheureux que vous.

RACKMANOFF.

Laisse-moi donc tranquille! à moins d'avoir été toute ta vie...

ALEXIS.

Eh! mon oncle! se voir enlever celle qu'on aime!

RACKMANOFF.

Chut! imprudent! Parbleu! je me serais bien laissé enlever tout ce qu'on aurait voulu. Ah! çà, est-ce que tu penserais encore à cette folie?

ALEXIS.

Non, mon oncle, non, je ne me pique pas d'avoir la fidélité d'un héros de roman : mais, tenez, ne parlons plus de cela. J'ai quelques ordres à donner pour le service du palais.

(*Il écrit.*)

RACKMANOFF.

Voyez si la comtesse arrivera!

ALEXIS.

L'impératrice va sortir.

RACKMANOFF.

Se faire attendre! c'est impardonnable. (*Il s'assied sur le canapé et regarde l'adresse de sa lettre.*) Rackmanoff!... M. Swanin a raison. Moscou : ah! quelque demande. (*à son neveu.*) Tu sais que Sa Majesté m'a donné deux mille paysans; j'aime beaucoup les paysans, moi. (*lisant.*) Constantin Dorouki. « Mon cher ami. » Je ne le connais pas. « Depuis que tu es parti, je ne me suis occupé que de toi. J'ai enfin découvert ta belle mystérieuse... » Qu'est-ce qu'il dit donc? « Reviens, mon cher Alexis... » Mon neveu! ah! j'y suis... Imprudent! si une pareille lettre tombait entre les mains de l'impératrice ! Quel bonheur que je l'aie reçu ! « Elle habite une de ses terres aux environs de Moscou... son mari est à la cour... » Tiens ! « C'est un vieil imbécile... » Il y en a tant ! « Il se nomme Bakou... Bak... »

SCENE IX.

LES PRÉCÉDENS, UN HUISSIER, LA COMTESSE.

L'HUISSIER, *annonçant.*
Madame la comtesse Bakouninski !

RACKMANOFF.
Ma femme !

ALEXIS*.
Marie !

LA COMTESSE.
Alexis !

RACKMANOFF.
Oh !   (*Long silence.*)

ALEXIS.
Madame... je... Ah ! mon Dieu !

LA COMTESSE.
Oui, monsieur, oui...

RACKMANOFF.
Ma femme ! (*Nouveau silence.*) Sa Majesté !

ALEXIS.
Catherine !

SCENE X.

CATHERINE, LES PRÉCÉDENS.

CATHERINE, *à Rackmanoff.*
Eh bien ! je n'ai point encore vu madame la comtesse, Monsieur : je l'attendais.

RACKMANOFF.
Votre Majesté veut-elle me permettre de la lui présenter ?

CATHERINE.
On ne m'avait pas trompé : elle est charmante. Remettez-vous, remettez-vous, madame.

LA COMTESSE**.
Que Votre Majesté me pardonne... l'émotion... le respect...

---

* Rackmanoff, la Comtesse, Alexis.
** Rackmanoff, Catherine, la Comtesse, Alexis.

CATHERINE.

Oh! ne tremblez pas ainsi; et plaignez-nous, nous autres souverains, dont la présence n'inspire que de la crainte. J'espère, quand vous me connaîtrez mieux, que votre attachement remplacera ce sentiment pénible, et je m'efforcerai de le mériter.

LA COMTESSE.

Les bienfaits dont Votre Majesté nous a comblés lui ont acquis déjà tant de droits à notre reconnaissance!...

CATHERINE.

Je n'ai encore rien fait pour vous. Peut-être avez-vous des vœux à former pour votre famille : s'il est en notre pouvoir de les exaucer, comptez sur nous.

RACKMANOFF.

Cette nouvelle faveur...

CATHERINE.

Ce n'est pas à vous que je l'accorde, monsieur; cela ne vous regarde pas : c'est une affaire entre madame et moi. Je ne serais pas disposée à vous écouter aujourd'hui d'ailleurs : je vous en veux trop de nous avoir privés si long-temps du plaisir de voir madame la comtesse.

RACKMANOFF.

Croyez, madame, que si j'avais prévu ce qui est arrivé...

CATHERINE.

Mais vous deviez vous y attendre, monsieur : quand on a une femme aussi jolie... (*à demi-voix.*) Savez-vous que vous avez été bien imprudent de l'avoir laissée si long-temps à deux cents lieues de vous. Je suis persuadée de la vertu de madame la comtesse; mais enfin, vous l'exposiez.

RACKMANOFF.

Oui, oui, il est certain... au lieu qu'ici...

CATHERINE, *à la comtesse.*

Je suis désespérée d'être obligée de vous quitter; mais voici l'heure de mon lever : soyez assez bonne pour m'attendre dans mon appartement : nous causerons. Je tiens beaucoup à ce que vous vous défassiez bien vite de votre crainte d'enfant, et, pour cela, je ne veux plus que vous me quittiez. (*à Alexis qui s'est avancé.*) Non; je me passerai de votre bras aujourd'hui : faites à votre tante les honneurs de mon appartement. M. le comte voudra bien me donner la main.

RACKMANOFF.

Madame... (*à part.*) Je suis en nage.

CATHERINE, *sortant avec lui*[*].

Je suis enchantée de ma nouvelle dame d'honneur; elle est charmante en vérité.

RACKMANOFF.

Je le crois, puisqu'elle a le bonheur de plaire à Votre Majesté.

CATHERINE.

C'est bien là parler en vrai mari.

RACKMANOFF.

C'est que je le deviens tout-à-fait.

CATHERINE.

Mais elle ne me plairait pas, qu'elle n'en serait pas moins très jolie. Vous ne devriez pas avoir besoin qu'on vous le dise. Prenez donc garde !... vous allez vous heurter contre cette porte.

(*On entend un huissier annoncer, dans l'appartement du fond:*
L'impératrice !)

SCÈNE XI.

LA COMTESSE, ALEXIS.

ALEXIS.

Vous, madame ! vous comtesse Bakouninski !

LA COMTESSE.

Monsieur...

ALEXIS.

Vous que j'ai cherchée si long-temps, vous qu'un hasard m'avait fait découvrir, qu'un hasard ramène près de moi, vous mariée à mon oncle !

LA COMTESSE.

Sa Majesté m'a dit de l'attendre dans son appartement, et je dois...

ALEXIS.

C'est moi, madame, c'est moi qui vais vous y conduire. Voilà donc pourquoi vous m'aviez caché le nom de mon rival !

LA COMTESSE.

Non, monsieur, non; je ne connaissais alors que son titre de comte. Plus tard, lorsque je vous revis à Berlin, pendant l'exil de mon mari, je refusai de vous apprendre le nom de sa famille; car vous le révéler, c'eût été vous donner les moyens de me suivre encore, et j'espérais...

[*] La Comtesse, Catherine, Rackmanoff, Alexis.

ALEXIS.

Ne plus me revoir?

LA COMTESSE.

Oui, monsieur, oui, je ne vous le cacherai pas, c'était le plus ardent de mes vœux. Hier, lorsque j'ai appris que vous étiez à la cour, j'ai supplié M. le comte de me laisser partir... non pas, monsieur, non pas que je craigne votre présence : ah! croyez bien qu'elle est sans danger pour moi; mais il doit m'être pénible....

ALEXIS.

De la subir encore! Vous voyez que j'achève votre pensée. Oublions que je vous ai aimée avec passion... oublions que loin de vous, n'espérant plus vous revoir, votre souvenir ne m'a pas quitté, qu'il m'a suivi jusque dans cette cour...

LA COMTESSE.

Monsieur, je ne puis vous entendre plus long-temps.

ALEXIS.

Ah! pardonnez, pardonnez, madame : j'ai tort sans doute... non; je n'ai pas de reproche à vous faire; mais votre présence renouvelle malgré moi ma douleur. Comment vous voir, et ne pas sentir toute la perte que j'ai faite?

LA COMTESSE.

Monsieur, l'impératrice va venir, et ce n'est pas ici...

ALEXIS.

Oui, madame, oui, je vous conduirai: voilà les appartemens de Sa Majesté. Ah! maintenant plus de bonheur pour moi. Ces liens que le hasard a formés, qui me retiennent ici, qui me paraissaient légers tout à l'heure, je sens qu'ils me pèsent déjà.

LA COMTESSE.

Quels liens, monsieur? que dites-vous? seriez-vous marié?

ALEXIS.

Marié! non, madame, non. Vous ne savez pas... Ah! tant mieux.

LA COMTESSE.

Je sais que vous êtes attaché comme aide-de-camp à l'impératrice; que Sa Majesté a pour mon mari une affection particulière, et que vous avez suivi sa fortune.

ALEXIS.

Oui, oui, madame, c'est cela. Mais mon grade me retient à la cour, et tous les jours, à toute heure, je vous verrai.

LA COMTESSE.

Monsieur Alexis! je vous ai aimé, vous le savez : mais du

jour où j'ai donné ma main à votre oncle, j'ai dû vous oublier... je vous ai oublié. Ne revenons plus sur des souvenirs pénibles. Une barrière insurmontable nous sépare. Mon mari a voulu que je vinsse à la cour, il veut que j'y demeure : j'obéis. Je vous y verrai comme un ami, un parent; mais ne parlons jamais d'un passé qui excite vos regrets, qui ne m'est peut-être pas indifférent à moi-même... jamais, monsieur Alexis!... C'est moi, moi, qui vous en prie, et j'en appelle, s'il le faut, à votre honneur et à votre délicatesse.

SCÈNE XII.

LA COMTESSE, RACKMANOFF, ALEXIS.

RACKMANOFF.

Encore ensemble!

LA COMTESSE.

Ah! c'est vous, monsieur! vous arrivez à propos.

RACKMANOFF.

Vous croyez?

LA COMTESSE.

J'attendais Sa Majesté.

RACKMANOFF.

Elle va venir... et j'ai pris les devans. J'ai pris les devans... (*à lui-même, en se promenant avec agitation pendant qu'Alexis est allé s'asseoir à la table.*) Ah! que j'ai bien fait de me marier! comme ça m'a porté bonheur!... J'ai presque toujours été séparé de ma femme, et quand je l'ai eue près de moi, sa présence m'a valu quelque catastrophe. On n'a pas de chance plus heureuse. C'est qu'il y a des gens qui vous disent que le mariage n'est bon à rien... Voyez! il m'a déjà fait passer dix ans en Sibérie et je vais peut-être y retourner : car si l'impératrice apprenait...

LA COMTESSE, *à part*.

Comme il est agité!

RACKMANOFF.

En Sibérie! au moment où tout me souriait, où ma fortune paraissait assurée... car enfin j'étais tranquille, je jouissais paisiblement de ma faveur. Une idée d'ambition, une idée malheureuse s'empare de moi; je fais venir ma femme : en un clin d'œil repos, crédit, tout est compromis... c'était certain, et je m'en étonne? Mais c'est pour moi la Sibérie que la présence de ma femme.

LA COMTESSE.

Qui vous trouble à ce point?

RACKMANOFF.

Rien, rien : la joie, le bonheur... tous mes vœux sont satisfaits; nous voilà réunis. J'ai auprès de moi un neveu qui m'aime, qui m'aime beaucoup, une femme dont j'ai pu apprécier la fidélité à ses devoirs : je suis heureux moi, très heureux. Je ne vois pas d'où naît votre étonnement; je ne vois pas ce qu'il y a de ridicule dans ma conduite : il m'est permis, je pense, de manifester mes sentimens, d'exprimer hautement la satisfaction que j'éprouve; il est singulier qu'on prétende m'en empêcher.

LA COMTESSE.

Monsieur, personne n'y songe. Vous me parlez avec une humeur...

RACKMANOFF.

De l'humeur, madame, de l'humeur! Eh! qui n'en aurait pas en voyant avec quelle froideur vous accueillez les grâces que vous accorde l'impératrice? Voulez-vous que je sois comme mon neveu dont la tristesse va frapper toute la cour?

ALEXIS.

Mon oncle, que dites-vous?

RACKMANOFF.

Je ne sais pas cacher ce que j'éprouve. Quand je suis content, ma figure l'exprime; et l'on peut voir que je n'ai jamais été si heureux.

LA COMTESSE.

Cette joie, monsieur, je suis fâchée de ne pas la partager; mais vous savez avec quelle répugnance je suis venue ici : je ne m'en cache pas, elle est toujours la même, malgré les bontés de l'impératrice, et s'il m'était encore possible de retourner à Moscou...

RACKMANOFF.

Y songez-vous, madame? quitter la cour ainsi, au moment où vous y êtes reçue? Mais le pouvez-vous? Que penserait-on? que penserait l'impératrice? vous voulez donc me perdre? N'aurait-elle pas lieu de se plaindre de cette bizarrerie, ou, en cherchant à l'expliquer, ne pourrait-elle soupçonner?...

LA COMTESSE.

Quoi donc, monsieur?

RACKMANOFF.

Rien... que sais-je? Quel motif donner à votre départ?

ALEXIS.

Mon oncle a raison, madame, il est impossible que vous

vous éloigniez maintenant; et si j'osais joindre mes représentations aux siennes, je vous dirais...
RACKMANOFF.
Assez, assez. Madame les a parfaitement senties, et n'a plus rien, je pense, à leur opposer; passez dans l'appartement de l'impératrice, elle ne tardera pas à venir. Allez, ma femme... ma femme.

SCENE XIII.
RACKMANOFF, ALEXIS.

RACKMANOFF.
Eh bien! qu'as-tu donc?

ALEXIS.
Je ne sais... je...

RACKMANOFF.
Oh! ce n'est rien; ce n'est rien, n'est-ce pas?

ALEXIS.
Non! adieu.

RACKMANOFF.
Où vas-tu? et l'impératrice...

ALEXIS.
Il n'est pas nécessaire que je la voie en ce moment.

RACKMANOFF.
Mais si elle te demande?

ALEXIS.
Vous lui répondrez... ce que vous voudrez.

RACKMANOFF.
Ecoute.

ALEXIS.
Ah! mon oncle!

RACKMANOFF.
Eh bien! oui... ton oncle.

ALEXIS.
Si vous saviez!

RACKMANOFF.
Ah! mon Dieu!

ALEXIS.
Et je croyais l'avoir oubliée! Non, sa présence a été un coup de foudre. La retrouver ainsi et ne pouvoir même me venger! Un oncle, un oncle à qui je dois tout!

RACKMANOFF.
Oui, mon cher comte, oui.

ALEXIS.

Apprenez... car vous tromper serait indigne de moi.

RACKMANOFF.

Oh !...

ALEXIS.

Apprenez que celle que j'aime...

RACKMANOFF.

L'impératrice ? eh bien ! que s'est-il passé ? Tu n'as pas de rival à craindre, elle te préfère à tous ; elle te comble de faveurs. Ah ! une bouderie qui ne tiendra pas contre ton amour ; car tu l'aimes, n'est-ce pas ? tu l'aimes plus que tout au monde ?

ALEXIS.

Mon oncle...

RACKMANOFF.

Tu n'as pas une pensée qui ne soit pour elle, je le sais.

ALEXIS.

Ma reconnaissance...

RACKMANOFF.

De la reconnaissance ! mais c'est de la passion qu'il faut ; c'est de la passion que tu ressens ; tu me l'as dit cent fois.

ALEXIS.

Je croyais...

RACKMANOFF.

Tu n'oublies pas que tu l'adores... Oui, oui, c'est le mot... que tu l'adores... qu'elle est ta bienfaitrice.

ALEXIS.

Eh bien ! mon oncle, sachez...

RACKMANOFF.

Qu'un mot d'elle peut envoyer en Sibérie, toi, moi, nous tous, enfin... Tu ne sais pas ce que c'est que la Sibérie... mais moi...

ALEXIS.

Il faut vous avouer...

RACKMANOFF.

Non, tu ne l'oublieras pas : ne fût-ce que pour ton oncle; pour ton oncle qui a déjà fait le voyage ; et je suis certain... Ah ! quelqu'un.

SCENE XIV.
LES PRÉCÉDENS, SWANIN.

SWANIN.
Vous voilà, monsieur le comte! vous avez quitté bien vite Sa Majesté.

RACKMANOFF.
Il est vrai.

SWANIN.
Mais on demande de tous côtés monsieur le chambellan de service.

RACKMANOFF.
Ah! mon Dieu! que me dites-vous là? Il serait vrai! je cours... (*Fausse sortie**.) Tu ne viens pas?

ALEXIS.
Si, mon oncle, si, je vous suis.

RACKMANOFF.
Mais viens donc, mon ami, viens donc. On m'attend, on me demande, tu vois... il est impossible que tu restes ici, tandis que moi... j'ai besoin de toi... je tiens beaucoup à ce que tu ne me quittes pas. (*à part.*) Ah! j'en ferai une maladie! c'est sûr. (*Il entraîne Alexis.*)

SCENE XV.
SWANIN, *seul*.

Ce cher Rackmanoff ne sait plus où il en est. Ah! la position est délicate. Avec quel empressement il a emmené son neveu! La comtesse est ici... et il cherche à empêcher... c'est juste! Monsieur Alexis a donc revu cette femme qu'il a aimée, et l'oncle, qui sait tout, ne s'est pas encore trahi! patience! Il ne faut, devant Catherine, qu'un mot, qu'une imprudence... Ah! mon Dieu! déjà notre jeune aide-de-camp! eh bien! il ne sera pas resté long-temps avec son oncle.

SCENE XVI.
SWANIN, ALEXIS.

ALEXIS.
Swanin!

SWANIN, *à part*.
On dirait qu'il espérait ne plus me trouver ici. (*haut.*)

* Alexis, Rackmanoff, Swanin.

Monsieur le comte Bakouninski avait apparemment peu de choses à vous dire?

ALEXIS.

Presque rien, en effet... Vous êtes de la partie de l'impératrice?

SWANIN.

Oui : mais j'ai quelques ordres à donner auparavant.

ALEXIS.

Vous sortez?

SWANIN, *à part.*

Ma présence le gêne. (*haut.*) Il faut que je cause avec monsieur le chambellan pour quelques affaires qui concernent le palais. Il est sorti si précipitamment...

ALEXIS.

J'ai laissé mon oncle dans la grande galerie.

SWANIN.

Je vais l'y rejoindre. Nous ne viendrons peut-être que tard : veuillez nous excuser auprès de Sa Majesté (*à part.*) A la bonne heure, l'oncle voulait empêcher le tête-à-tête.

SCENE XVII.

ALEXIS, *seul.*

Elle est là! Si je pouvais la voir! lui parler un instant sans témoins! voudrait-elle m'entendre?... Oui, il le faut, maintenant : ce sera la dernière fois. C'est elle... la voici, elle est seule.

SCENE XVIII.

ALEXIS, LA COMTESSE.

LA COMTESSE, *sans voir Alexis.*

Sa Majesté, messieurs, vous fait prier de vous mettre au jeu... Monsieur Alexis!

ALEXIS.

Ah! par pitié, madame, ne me quittez pas ainsi! ce n'est pas de mon amour que je veux vous parler... Non... j'en ai fait le sacrifice; mais ne me privez pas du bonheur de vous dire un dernier adieu.

LA COMTESSE.

Comment! monsieur, partir?

ALEXIS.

Oui, madame, oui, je le dois... Cette nuit même je m'éloigne, je quitte la cour. Une lettre qu'on remettra à Catherine la fléchira peut-être. Je lui abandonne les titres, les faveurs dont elle m'a décoré : je laisse tout ici, tout... et puissé-je y laisser aussi votre souvenir !

LA COMTESSE.

Mais moi, monsieur, moi, je reste près de votre oncle ; et s'il faut que la colère de l'impératrice vous atteigne, s'il faut que je sois cause de votre malheur, mais je ne pourrai pas cacher mes larmes : elles parleront. Je serai perdue, moi... car enfin on ne pense pas à moi.

ALEXIS.

Et qu'avez-vous à redouter, madame? pourra-t-il vous faire un crime de m'avoir aimé avant de le connaître ?

LA COMTESSE.

Avant, monsieur ! oh oui ! avant seulement, n'est-ce pas ?

ALEXIS.

Marie ! vos yeux se remplissent de larmes !

LA COMTESSE.

Non, monsieur, non.

ALEXIS.

Vous m'aimez ! oui... vous m'aimez encore !

LA COMTESSE.

Je ne l'ai pas dit, monsieur, gardez-vous de le croire.

ALEXIS, *tombant à genoux.*

Vous m'aimez !

SCENE XIX.

LES PRÉCÉDENS, SWANIN, RACKMANOFF.

SWANIN, *qui les a aperçus, à Rackmanoff, sur la porte.*
Après vous.

LA COMTESSE.

Monsieur, monsieur, levez-vous !

ALEXIS.

Marie !

RACKMANOFF.

L'impératrice !... Dieu ! ma femme !
(*Alexis s'est relevé à l'entrée de Rackmanoff. Long silence.*)

SWANIN*.

Vous êtes comme moi, n'est-ce pas, monsieur le comte ? tout ébloui... Quand on quitte la lumière du soleil pour entrer chez Sa Majesté, le demi-jour qui règne dans ses appartemens ressemble à une obscurité complète, on a peine

* Alexis, Swanin, Rackmanoff, la Comtesse.

à distinguer... marchez droit devant vous. Je ne sais pourquoi on se prive d'une clarté qui vivifie, qui égaie tout. Pour moi, j'avoue que j'aime cet éclat, cette chaleur qui vous pénètre. Ah! nos étés sont bien beaux en Russie, plus beaux encore par l'âpreté de nos hivers: un climat toujours doux et tempéré a bien des charmes, mais je ne sais pas si je le préférerais au nôtre.

SCENE XX.

LES PRÉCÉDENS, CATHERINE, *sortant de son appartement, puis des* DOMESTIQUES *qui placent la table de jeu et deux sièges sur le devant de la scène, et se retirent.*

CATHERINE.

Préférer... quoi donc?

SWANIN.

Notre climat à celui d'Athènes, par exemple.

CATHERINE.

Ah! le nôtre est moins poétique. Je vous croyais au jeu, messieurs; j'ai été retenue plus long-temps que je ne pensais. Allons! je commencerai. Qui de vous, messieurs, veut faire ma partie?

SWANIN, *à Alexis.*

Monsieur le comte...

CATHERINE[*].

Ah! vous avez peur d'être battu, monsieur Swanin! (*à Alexis qui s'est assis vis-à-vis d'elle à la table de jeu.*) Je ne vous crains pas non plus: vous n'êtes pas heureux. Ce n'est pas comme votre oncle: il ne m'a pas encore été possible de le gagner; aussi, je me suis bien promis de ne plus jouer avec lui. Pariez-vous pour moi, madame la comtesse? (*La Comtesse met au jeu.*) Allons, monsieur Swanin, voici deux cents roubles. (*Swanin en met autant sur la table.*) Deux dames contre vous, messieurs, vous perdrez. — Je reçois demain deux envoyés du khan des Tartares de Crimée. — Vous auriez pu éviter ce coup, monsieur Alexis. — J'ai fait demander à mes comédiens français une représentation de *Zaïre* et de *Georges Dandin*: vous y assisterez, n'est-ce pas, comtesse? cela vous distraira plus que le jeu, car en vérité nous sommes d'une tristesse!... Monsieur Alexis est si occupé de ses cartes, qu'on ne peut lui arracher un mot; et

---

[*] Rackmanoff, Swanin, Alexis, Catherine, la Comtesse.

votre mari compose sans doute un discours pour l'académie. Ah! messieurs, de grâce, gardons notre sérieux pour d'autres momens.

RACKMANOFF.

Je puis assurer à Votre Majesté que nous sommes très gais... moi du moins.

CATHERINE.

Ah! ah! pardonnez-moi de ne l'avoir pas deviné. Monsieur Swanin, contez-nous bien vite quelque chose; car la gaîté de M. Bakouninski m'épouvante, et j'aurais peur qu'elle nous gagnât tous.

SWANIN.

Les petites intrigues, les petites méchancetés qui occupent la cour, sont si peu dignes de l'attention de Votre Majesté!

RACKMANOFF.

Il y en a quelquefois de fort divertissantes.

SWANIN.

Quelquefois; et voici, par exemple, une petite aventure...

CATHERINE.

Récente?

SWANIN.

Elle a du moins ce mérite.

CATHERINE, *à Alexis.*

Vous avez perdu: votre revanche. (*à Swanin.*) Voyons.

RACKMANOFF.

Oui, oui, voyons.

SWANIN.

Oh! cela n'a rien de bien piquant. Je suis toujours de moitié dans le jeu de monsieur le comte. — Une grande dame, dont je tairai le nom...

RACKMANOFF.

Je le devinerai.

SWANIN.

Je vous prierai alors d'être discret. — Une grande dame, dis-je, objet de l'amour et du respect de tous ceux qui l'entourent, avait placé sa confiance dans un jeune homme, que le hasard avait amené dans sa maison, et que recommandaient les plus brillantes qualités. Ce jeune homme, fier de la haute faveur dont il se vit tout à coup l'objet, transporté de son bonheur, et cédant à une reconnaissance bien légitime, oublia, (et qui n'en eût point fait autant à sa place?) oublia qu'il avait dans le cœur une passion qu'il y nourrissait depuis long-temps, et à laquelle il s'était promis de ne jamais renoncer.

RACKMANOFF.

C'est un début de roman.

SWANIN.

Non : c'est de l'histoire. Le jeune homme, en effet, avait aimé autrefois une jeune personne charmante, que sa famille maria malgré elle à un vieux comte, baron, je ne sais quoi, qui emmena sur-le-champ sa femme à Pétersbourg. Notre amoureux se désespéra : il voulait suivre les traces de son rival, mais on lui en cacha le nom.

RACKMANOFF, *à part.*

C'est singulier comme cela ressemble...

SWANIN.

Force lui fut donc d'attendre tout du temps et du hasard; et en effet, quelques années après, il revit la dame qu'il adorait.

ALEXIS.

Monsieur !

SWANIN.

Non : je jouerais plutôt celle-ci... — Le jeune homme arrive à Pétersbourg : il y rencontre un vieil ami de sa famille, un parent, je crois... oui, un parent; celui-ci le reçoit à bras ouverts, bien que jusque là il se fût assez peu inquiété de lui.

RACKMANOFF, *à part.*

Mon histoire !

SWANIN.

Il le présente à la grande dame, dont je parlais tout à l'heure, et il se réjouissait paisiblement de sa haute faveur...

RACKMANOFF, *à part.*

Je ne me soutiens plus.

SWANIN.

Lorsque, par l'effet du plus singulier hasard, le jeune homme retrouve précisément, dans l'épouse de son vieux parent, la femme qu'il a aimée avec passion, qu'il aime encore.

ALEXIS.

C'en est trop... et...

LA COMTESSE, *à Alexis.*

Par pitié !

CATHERINE.

Qu'y a-t-il donc ?... (*à Alexis.*) Eh bien ! comte, votre jeu ?... (*à Swanin.*) Continuez, monsieur.

SWANIN.

Le mari sait ce qui se passe.

RACKMANOFF.

Hein?

SWANIN.

Il le sait positivement, car il l'a vu; et son silence serait bien la chose du monde la plus divertissante, s'il n'était un outrage à la personne à qui ce cher comte ou baron doit tout.

RACKMANOFF, *à part.*

Je suis écrasé.

SWANIN.

Un serviteur de cette illustre dame, un serviteur, qui lui est tout dévoué, voulant lui faire connaître la vérité...

ALEXIS, *se levant.*

Qu'il s'épargne ce soin. Je vais...

RACKMANOFF.

Oh!

LA COMTESSE.

Je me meurs.

CATHERINE, *à Alexis.*

Comte!... (*Tout le monde est debout. — A Swanin.*) Monsieur, ce serviteur veut hasarder une démarche inutile et qui peut être dangereuse. Lorsqu'on ne peut venger l'affront fait à une personne qui a droit à nos respects, lui apprendre ce qu'elle ignore, c'est joindre un nouvel outrage au premier. Pour moi, si je me trouvais dans la position de cette dame, et que quelqu'un fût assez hardi pour me le dire, un exil rigoureux serait le prix de sa folle témérité. Monsieur Alexis, c'est là sans doute ce que vous alliez dire... Remettons-nous au jeu, notre partie a été interrompue, je ne sais pourquoi.

RACKMANOFF.

Je reviens de loin.

(*Catherine, Alexis et la comtesse se sont de nouveau assis.*)

SCENE XXI.

LES PRÉCÉDENS, UN HUISSIER.

L'HUISSIER.

Que Votre Majesté daigne m'excuser. Monsieur Potemkin, officier aux gardes, demande à être admis auprès de votre auguste personne. Il est chargé d'un message de M. le comte Orloff.

CATHERINE.

Madame la comtesse, messieurs, veuillez me laisser seule un instant.

ALEXIS, *bas à Swanin en sortant.*

Monsieur, vous me rendrez raison...

SWANIN.

Je ne sais ce que vous voulez dire, monsieur le comte.

ALEXIS.

Je vous l'apprendrai. (*Sur un signe de l'impératrice, Rackmanoff, qui était resté, prend la main de sa femme et sort.*)

CATHERINE, *à l'huissier.*

Faites entrer.

SCÈNE XXII.

CATHERINE, POTEMKIN.

CATHERINE.

Eh bien! monsieur, vous avez un message à me remettre; la santé de monsieur le comte Orloff est-elle rétablie?

POTEMKIN.

Presque entièrement, madame, car il arrive demain.

CATHERINE, *à elle-même.*

Demain! Oh! les instances de Swanin ont pressé son retour; tout est convenu entre eux. Lorsqu'il se présentera devant moi, les sentimens qu'il craignait de trouver dans mon cœur se seront évanouis pour faire place à l'indignation que doit exciter la plus noire perfidie. La vérité me sera connue; elle l'est déjà : à quels yeux aurait-elle pu échapper? Je n'aurai plus rien à lui opposer, et alors il reprendra son empire avec plus d'arrogance encore, car on a peut-être été jusqu'à compter sur mon repentir. (*haut.*) Le comte Orloff aurait pu ne pas précipiter ainsi son voyage. Ses intérêts ne sont pas négligés ici. Il a à la cour plus d'amis que moi-même.

POTEMKIN.

Votre Majesté l'a permis ainsi. Cependant il existe encore des serviteurs dévoués à ses volontés, à ses volontés seules; et si la présence de monsieur le comte Orloff à Pétersbourg était désagréable à notre souveraine, il n'y rentrerait pas : qu'elle daigne me charger de lui en porter la défense.

CATHERINE.

Mais, monsieur, vous donnez à mes paroles un sens qu'elles n'ont pas. Je n'ai pas à me plaindre du comte, et je n'oublie pas ses services.

POTEMKIN.

Oui, il vous servit en effet : il le fit avec plus d'éclat que d'autres, parce que les regards étaient fixés sur lui ; et, comme il fut seul récompensé, il crut avoir tout fait.

CATHERINE.

Seul récompensé !.. c'est-à-dire que vous m'accusez d'injustice, et vous me le dites ! peu de gens l'oseraient, monsieur. Je connaissais votre haine pour le comte Orloff ; mais j'ignorais que vous fussiez envieux.

POTEMKIN.

Moi !... je le hais, c'est vrai ; mais tant que ma souveraine daignera le soutenir, je respecterai en lui l'ouvrage de ses mains. Si elle l'abandonnait... oh ! alors il connaîtrait ma haine. Mais qu'elle s'exhale en plaintes, en reproches amers ! non, non, madame, je ne me plains pas. Je suis récompensé, moi, je suis lieutenant aux gardes ! A dix-sept ans, ma première pensée sérieuse fut une pensée de meurtre ; à dix-sept ans j'ai creusé une tombe royale et contribué à placer une couronne sur un front digne de la porter... mais je ne me plains pas, je ne suis pas envieux, je suis lieutenant aux gardes ! et, si je ne manque pas à la discipline, mon pain est assuré au palais de Votre Majesté. Je la vois tous les jours, je lui parle librement.

CATHERINE.

Librement en effet, monsieur. Oubliez-vous qu'on ne me tient pas un pareil langage ? je l'aurais déjà puni chez tout autre, et je crois vous prouver assez l'estime que je fais de vous, en vous le pardonnant. Cette parole brusque et franche vous va, monsieur Potemkin : la fausseté, le mensonge seuls sont coupables, et nous les trouvons si souvent autour de nous !

POTEMKIN.

Votre Majesté doit-elle s'en étonner ? qu'attendre de ceux qui l'aiment pour leurs dignités et leurs titres, et qui la flattent pour les garder ? Dévouement de cour, rien de plus. Ah ! si elle daignait me croire, il en est un autre, un autre qui est toujours prêt quand il faut agir, et qui garde le silence quand il a agi ; qu'on peut méconnaître sans le rebuter, parce qu'il est éternel, et qui n'a pas besoin de faveurs, parce qu'il est sincère. Si on l'appelle au pouvoir, ce n'est pas à sa part d'intérêts qu'il songe. Non, non, madame, il ne s'associe que pour des idées de gloire et de grandeur.

CATHERINE.

Vous avez raison, monsieur, et je n'ai pas oublié ce que

le comte Orloff m'a aidé à faire pour la gloire de la Russie.

POTEMKIN.

La Russie! matière féconde, en effet; sortie en ébauche des mains de Pierre Ier, car la vie d'un homme ne suffit pas à l'exécution de sa pensée. Et on enchaîne la vôtre! ils tremblent tous devant les vastes projets que votre génie a conçus. La Perse n'a pas reculé ses frontières; la Pologne lutte encore; les armées de Votre Majesté ne peuvent y faire reconnaître son empire.

CATHERINE.

Mais, monsieur, on me fait peur. L'Autriche, dit-on, ne le souffrira pas.

POTEMKIN.

Refusera-t-elle un partage?

CATHERINE.

Mais l'Angleterre...

POTEMKIN.

Se taira avec un traité de commerce.

CATHERINE.

Et la France...

POTEMKIN.

La France... regardera. Ces grandes pensées sont les vôtres, madame; mais ce qui vous entoure est-il digne de vous comprendre? Oh! un empire à tirer de ses langes! un empire immense, qui s'échappe de vos mains avec ses soldats, ses peuples divers, ses vingt langages; avec ses déserts et ses villes nouvelles! et dire : c'est ma volonté de poser un pied sur l'Europe et l'autre sur le sol de l'Asie : c'est ma volonté, vous, dont les royaumes sont semés autour de moi, que vous serviez d'avant-garde à mes armées et de ceinture à mes flancs. Tout faire, tout entreprendre, tout créer! et à la lumière qu'on fait jaillir de ce chaos, marcher à la conquête du monde!... Oh! je suis un insensé! je n'entends rien en amitié, rien en politique, rien en grandeur; je suis lieutenant aux gardes... Avez-vous quelques ordres à me donner? faut-il prévenir l'huissier de service de se rendre ici? Je vous ai remis les dépêches du comte Orloff... et je me retire.

CATHERINE.

En effet, monsieur, je vous écoute et je ne lis pas ces lettres. (*Elle les ouvre. A elle-même.*) Distraite par des idées de gloire et de grandeur, l'impératrice oublie combien la femme a été outragée. Oh! une preuve! une preuve! (*haut.*) Qu'on appelle M. Swanin. (*Potemkin sort. Après avoir lu la lettre.*)

Quel ton impérieux! La faveur du comte Alexis a blessé son orgueil : il m'en fait des reproches... à moi!... oh! il n'a que trop raison! Quelle honte! quelle honte! et quel triomphe pour lui!... mais il n'en saura rien, et son confident ne lira pas sur mon visage que je suis irritée et que je vais punir. D'ailleurs, il faut qu'il parle, il me faut une preuve... oserai-je la lui demander?

SCÈNE XXIII.

SWANIN, CATHERINE, POTEMKIN, *au fond*.

CATHERINE.

Eh bien! monsieur! Le comte Orloff ne se contente plus de se plaindre, il ose parler en maître. Est-ce à vos conseils que je suis redevable de l'insolent message que je reçois? et, dans cette lettre du comte, dois-je lire l'expression de ses sentimens ou de ceux que vous lui inspirez?

SWANIN.

Je ne sais, madame, ce que cette lettre contient. Je ne prends connaissance que de celles qui ne sont pas adressées à Votre Majesté, et en voici une...

CATHERINE.

Certes, pour les intérêts du comte Orloff, vous auriez bien fait de lire celle-ci. Au reste, si vous voulez en connaître le contenu (*Elle déchire la lettre.*), baissez-vous et ramassez-en les morceaux.

SWANIN.

J'en ai lu d'autres, madame.

CATHERINE.

Un sujet insolent!

SWANIN.

Mais au moins sujet fidèle. Tous ne le sont pas... Lisez, madame. (*Il lui donne une lettre.*)

CATHERINE.

Qu'est-ce à dire, monsieur?

SWANIN.

Que Votre Majesté daigne lire ; elle verra que je ne suis pas indigne de sa confiance. La copie seulement a été remise tantôt à monsieur le comte Bakouninski : voici l'original.

CATHERINE, *prenant la lettre.*

Ah! encore, monsieur!... cette histoire, cette perfidie! Je n'aime pas les conseils. Ce soir vous me rapporterez votre portefeuille. (*jetant la lettre sur la table.*) Je ne lirai pas cela. Sortez, monsieur.

SWANIN, *à part.*

Le coup est porté.

SCENE XXIV.

POTEMKIN, CATHERINE, *courant à la table et lisant précipitamment la lettre.*

Ah!... (*à Potemkin.*) L'aide-de-camp est prisonnier dans sa chambre. Vous m'en répondez sur votre tête. (*Elle rentre dans son appartement.*)

FIN DU SECOND ACTE.

ACTE III.

Même décor qu'au second acte, moins la table de jeu.

SCENE PREMIERE.

POTEMKIN, *seul, assis devant la porte d'Alexis.*

Il l'a trompée, trahie indignement! et cependant elle l'aimait! Elle! Mais à des ames vulgaires, il faut de vulgaires amours; une jeune fille à séduire, une femme à prendre par les regards, et qui vous suit quand vous sifflez de jolis airs. Oh! ces hommes-là mènent loin de telles femmes! Aucun d'eux n'a adoré dans son cœur, n'en a fait un sanctuaire; aucun d'eux n'a voué son bras à une volonté, sa vie à un culte, et cela, sans une récompense, un espoir, un souvenir. Si on les aime, ils aiment; si on les oublie, ils oublient: oh! je méprise les hommes, leurs amours qui changent et leurs haines qui s'effacent. (*allant à la porte d'Alexis.*) C'est de là que je devrais sortir (*montrant la porte de Catherine.*) pour entrer ici sans être appelé; et l'on m'a mis en faction à la porte d'un prisonnier! Que fais-tu maintenant, jeune homme? as-tu des remords, ou peur? Je te crois brave. Toi du moins, tu ne t'es occupé que de plaisirs, et tu n'as pas mêlé tes conseils d'enfant à de grandes pensées. Ce n'est pas comme lui! comme lui qui revient demain! Ah! si quelque jour elle s'écriait encore: « l'aide-de-camp est prisonnier dans sa chambre! » Orloff! Je veillerais vingt nuits à ta porte, que mes yeux ne se fermeraient pas. — L'Impératrice!

SCENE II.

CATHERINE, POTEMKIN.

CATHERINE, *sortant de chez elle, sans voir Potemkin.*

J'ai écrit un jour, je m'en souviens, en marge d'une histoire d'Angleterre : « Il n'a manqué au bonheur d'Elisabeth que de pouvoir donner un royaume au comte d'Essex. »

Quand j'ai fait cette remarque, avais-je lu la fin de l'histoire et la trahison du comte? Je ne m'en souviens plus. Quelle audace de leur part! J'ai été leur dupe! mes bienfaits, mes faveurs, n'auraient servi qu'à payer leur amour! Oh! la plus obscure bourgeoise se vengerait, et moi... (*voyant Potemkin.*) Vous ici, monsieur? m'écoutiez-vous?

POTEMKIN.

Vos secrets sont à vous, madame, comme les miens m'appartiennent. Je n'ai jamais pris de confident, et je ne chercherai jamais à devenir celui de personne. Je me retire, si Votre Majesté me relève de ma faction.

CATHERINE.

Oui, je me rappelle : mais ce n'est pas là votre place, monsieur; ce n'est pas la place d'un capitaine aux gardes.

POTEMKIN.

Lieutenant, madame; lieutenant depuis dix années.

CATHERINE.

Et depuis un moment capitaine.

POTEMKIN.

Attendrai-je, pour en porter le titre, que ma nomination soit approuvée par le comte Orloff, qui arrive demain?

CATHERINE.

C'est moi qui vous le donne, monsieur; moi, qui seule ai le droit de punir et de récompenser. Encore un service : la comtesse Bakouninski doit être au palais; dites à l'aide-de-camp de se rendre ici. Mais sortez, sortez, de grace. J'aperçois la comtesse... vous, qui avez su lire dans l'ame de l'impératrice, vous, que l'impératrice écoute, éloignez-vous : nous n'avons pas à parler maintenant de guerres et de conquêtes : non; des riens, des misères, des secrets de femmes. Eloignez-vous.

(*Potemkin s'incline et entre chez Alexis.*)

SCÈNE III.

LA COMTESSE, CATHERINE.

LA COMTESSE.

J'ai été appelée au palais par ordre de Votre Majesté.

CATHERINE.

Vous savez pourquoi, sans doute?

LA COMTESSE.

Non, madame, j'ignore le motif...

CATHERINE.

Je veux une explication ; mais elle ne peut avoir lieu encore. J'ai besoin de quelqu'un, de M. le comte Alexis... Vous êtes bien émue, madame. Attendez qu'il soit là, pour vous troubler, car c'est devant lui que vous me répondrez.

LA COMTESSE.

Devant lui !

CATHERINE.

Vous n'avez pas toujours évité sa présence. Il le faut, madame, je le veux.

LA COMTESSE.

Ah ! Votre Majesté est instruite de tout : qu'elle daigne m'écouter !

CATHERINE.

Devant lui.

LA COMTESSE.

Oh ! non, non, madame ; écoutez-moi, et dussé-je mourir de honte à vos pieds, je vous révélerai tout. Alexis... mais ne croyez pas que j'aie profité des bontés de Votre Majesté pour le revoir : non, non. J'ignorais en venant ici qu'il était à la cour, comblé de vos bienfaits.

CATHERINE.

Oui, il me doit tout.

LA COMTESSE.

Je le sais, madame ; et quand j'ai appris que son titre d'aide-de-camp le rapprochait de moi, m'exposait à le voir tous les jours, tous les instans, j'ai voulu fuir, madame ; on m'a retenue.

CATHERINE.

Et qui donc ?

LA COMTESSE.

Quelqu'un, qui ignore notre secret, qui ne le saura jamais, mon mari.

CATHERINE.

Lui !

LA COMTESSE.

J'ai aimé Alexis avant d'être mariée.

CATHERINE.

Et vous l'aimez toujours ?

LA COMTESSE.

Je voulais fuir...

CATHERINE.

Vous l'aimez toujours ?

LA COMTESSE.

Deux fois, pendant l'exil du comte, il s'est présenté à moi : deux fois je l'ai éloigné.

CATHERINE.

Vous l'aimez donc toujours?

LA COMTESSE.

Ah! vous, madame, vous ne comprenez pas de telles faiblesses. Vous, maîtresse d'un empire, vous commandez à votre cœur, vous commandez à ces sentimens dont nous ne pouvons triompher nous autres. Vous ne savez pas que pour nous un premier amour est un lien qui enchaîne notre destinée tout entière ; et quand le devoir nous commande de le briser, vous ne savez pas, madame, que c'est alors que ce lien se resserre autour de nous ; car alors il faut avoir un visage tranquille quand on souffre, il faut sourire quand le cœur saigne ; pour tous un front calme, la joie, la gaîté folle : mensonge, mensonge, madame ; et, pour celui qu'on a aimé, les pensées secrètes, les soupirs, les larmes qui coulent sur le cœur.

CATHERINE.

Ah! ne me parlez pas ainsi, ne me dites pas que vous l'aimez.

LA COMTESSE.

Cet aveu, je ne l'ai jamais fait à personne.

CATHERINE.

Et pourquoi, pourquoi à moi?

LA COMTESSE.

Vous me l'avez arraché.

CATHERINE.

Oubliez-vous que je puis me venger?

LA COMTESSE.

Une seule personne aurait le droit de le faire, celle envers qui je suis coupable, le comte ; mais vous, madame, vous pouvez me punir, mais vous venger?

SCÈNE IV.

LA COMTESSE, CATHERINE, ALEXIS.

CATHERINE, *à Alexis.*

Ah! venez, monsieur, venez! on me conteste un droit! on m'accusera bientôt d'injustice ! vous, qui savez si j'ai lieu de me plaindre, vous, qui connaissez mon outrage, parlez, je vous prends pour juge ; car qui pourrait mieux prononcer que vous dans cette cause? qui sent mieux que vous tout ce qui est reconnaissance, délicatesse, honneur?

ALEXIS.

Madame...

CATHERINE.

Suis-je injuste, monsieur? et vous attendiez-vous aussi à me voir dévorer mon affront en silence? On a osé se jouer de moi, de mes bienfaits; et ce n'est pas loin d'ici : non, sous mes yeux, dans ce lieu même, au milieu d'une cour dont j'allais devenir la fable: et quand la vérité m'est connue, quand je découvre cette perfidie, on s'étonne de mon courroux, on m'en ferait un reproche, si on l'osait : n'ai-je pas lieu de m'en plaindre? Mais répondez donc, répondez donc, monsieur! Notre sexe peut-il pardonner l'outrage qu'on a osé me faire? Trouver dans le monde une femme qui vous élève jusqu'à elle, la tromper ; oh! cela se voit tous les jours : tout homme peut l'oser; car on n'a que ses reproches à craindre; mais quand cette femme est sur le trône, quand elle n'a qu'un mot à dire pour se venger; se jouer de sa crédulité, et payer ses bienfaits de la plus noire ingratitude... Oh! il faut du courage pour cela! car il vient un moment où on en a besoin.

ALEXIS.

Je suis préparé à tout, madame; disposez de ma vie.

LA COMTESSE.

Grace! grace! Ah! Votre Majesté est donc bien offensée?

CATHERINE.

Offensée!... eh quoi! ne savez-vous pas?...

ALEXIS, *bas à Catherine.*

Ah! madame, qu'allez-vous faire? elle ignore tout.

LA COMTESSE.

Votre courroux paraît si légitime...

CATHERINE.

La cause ne l'est-elle pas?... (*à Alexis.*) Je vous remercie, monsieur, de m'avoir épargné de rougir.

SCENE V.

LES PRÉCÉDENS, UN HUISSIER.

L'HUISSIER.

M. le comte Bakouninski!

CATHERINE.

Qu'il vienne.

LA COMTESSE.
Ah! madame! mon mari! par pitié...
CATHERINE.
Entrez dans mon appartement. (*montrant Alexis.*) Monsieur le comte va vous y conduire.

ALEXIS.
Madame...

CATHERINE.
Ah! je le veux... vous y attendrez mes ordres... Allez, allez, monsieur. (*La comtesse entre dans la chambre de l'impératrice, et Alexis dans la sienne.*)

SCÈNE VI.

CATHERINE, RACKMANOFF.

RACKMANOFF, *à part, en entrant.*
Est-ce qu'il y a encore quelque chose de nouveau? O ma femme!

CATHERINE.
Nous vous avons mandé, monsieur le chambellan, parce que nous avons besoin de causer un moment avec vous.

RACKMANOFF.
L'honneur que me fait Votre Majesté... (*à part.*) A la bonne heure! quand j'ai vu arriver chez moi ce grand cosaque, j'ai cru en venant au palais qu'il se trompait de chemin.

CATHERINE.
Vous avez été ministre, monsieur?

RACKMANOFF.
Deux heures, madame : et je ne pense pas que mon administration ait laissé des souvenirs fâcheux. Est-ce que Votre Majesté daignerait penser à me confier...

CATHERINE.
Non... non... monsieur.

RACKMANOFF.
Ah!... qu'elle daigne alors excuser ma liberté.

CATHERINE.
Il n'est pas question de cela.

RACKMANOFF.
S'il s'agit de renseignemens sur le département auquel on m'avait nommé, j'avoue qu'il me serait difficile d'en donner de bien exacts, car je n'ai pas eu le temps de savoir où étaient mes bureaux : mes employés n'ont pas eu à se plaindre de moi.

CATHERINE.

Veuillez m'écouter, monsieur. Lorsque la confiance de votre prince vous appela à ce poste glorieux, vous vous promîtes sans doute de servir votre maître avec un zèle et un dévouement sans bornes.

RACKMANOFF.

Oui, madame : mais je n'ai pas eu le temps...

CATHERINE.

Mais ce zèle, ce dévouement vous auraient-ils conduit à lui manquer de respect? à le faire rougir devant des témoins?

RACKMANOFF.

Je ne crois pas que jamais..

CATHERINE.

Que dois-je donc penser de la conduite de M. Swanin?

RACKMANOFF.

Est-ce que M. le comte aurait offensé Votre Majesté?

CATHERINE.

Mais ici, monsieur, tantôt : cette histoire...

RACKMANOFF.

Cette histoire? ah! oui... une anecdote!... Je ne vois pas...

CATHERINE.

Eh! monsieur! croyez-vous que je ne l'aie pas comprise? Ce jeune homme, c'est votre neveu ; cette femme, la comtesse; cette histoire, la vôtre.

RACKMANOFF.

Oh!

CATHERINE.

Je suis au fait, je crois, et vous seul avez pu vous méprendre sur l'intention du comte.

RACKMANOFF.

Ah! madame! Votre Majesté peut-elle ajouter foi... mon neveu tromper et son oncle et sa souveraine! Ah! si je le pensais!... mais non, non; tant de perfidie!... Comment aurais-je supposé?

CATHERINE.

Mais, à en croire M. Swanin, vous auriez pu l'entendre à demi-mot, car vous deviez être instruit de tout.

RACKMANOFF.

Moi, madame? (*à part.*) Je suis perdu!

CATHERINE.

Je ne sais s'il en a la preuve.

RACKMANOFF.

Et cependant il en faudrait une. Lorsqu'on avance un fait aussi grave, un fait...

CATHERINE.

Qui serait bien affreux s'il était vrai, n'est-ce pas, monsieur? Car enfin, j'aurais lieu d'être offensée, sans doute, si un homme, que mes bontés ont placé sur les marches du trône, me payait de mes bienfaits par une trahison. Après tout, cependant, cet homme pouvait s'abuser sur ses sentimens : il est difficile de ne pas être ébloui de l'éclat d'une couronne. Il aurait pu, en effet, avoir oublié une passion, qui se serait, malgré lui, réveillée à l'aspect de celle qui en fut l'objet. Son plus grand tort, peut-être, serait de m'avoir traitée comme une femme ordinaire, à laquelle on suppose toutes les faiblesses de son sexe, et de ne m'avoir pas tout avoué dès le premier moment... Mais celui que cet amour devait outrager autant que moi, celui qui l'aurait connu et qui aurait gardé le silence... Oh! celui-là serait bien coupable, n'est-ce pas, et ne mériterait point de grace?

RACKMANOFF.

Je ne pense pas...

CATHERINE.

J'avais besoin de votre avis.

RACKMANOFF.

Ah! mon Dieu! est-ce que Votre Majesté croit devoir user de rigueur?

CATHERINE.

Vous m'assurez que j'aurais tort. En supposant que l'histoire de M. Swanin soit vraie, vous ne saviez rien?

RACKMANOFF.

Rien, absolument.

CATHERINE.

Aucun soupçon? aucun indice?

RACKMANOFF.

Aucun.

CATHERINE.

Aucun, monsieur! aucun! (*Elle froisse dans ses mains la lettre de Moscou.*) J'aime à vous l'entendre répéter. Je suis bien aise d'avoir eu avec vous cette conversation : elle change mes projets.

RACKMANOFF.

Combien je dois m'en féliciter!

CATHERINE.

Oui, tout le monde y gagnera.

RACKMANOFF, *à part*.

Ah! je respire! espérons que ce sera le dernier assaut.

CATHERINE.

Bien que le récit de monsieur Swanin soit faux...

RACKMANOFF.

Totalement faux.

CATHERINE.

Et qu'il s'éloigne de la cour en nous rendant son portefeuille...

RACKMANOFF.

Il est en disgrace? (*à part.*) est-ce heureux!

CATHERINE.

Vous sentez, qu'après ce qui s'est passé, il est difficile que madame la comtesse reste près de nous.

RACKMANOFF.

Oh! ce n'est pas moi qui m'opposerai à son départ. (*à part.*) Quand elle ne sera plus ici, je serai peut-être tranquille.

CATHERINE.

C'est bien : je suis enchantée de vous savoir dans ces dispositions. Appelez madame la comtesse et votre neveu : ils sont là, dans mon appartement.

RACKMANOFF.

Ah! ils sont là!...

SCENE VII.

LA COMTESSE, ALEXIS, *un peu au fond*, CATHERINE, RACKMANOFF.

CATHERINE, *à la comtesse*.

J'ai vaincu la répugnance de monsieur le comte, madame; il m'a promis de ne plus s'opposer à vos désirs et de vous laisser quitter un séjour, que vous habitez malgré vous, où vous n'avez rien qui vous retienne; n'est-ce pas, monsieur le comte?

RACKMANOFF.

Certainement...

CATHERINE.

Vous pourrez partir ce soir, madame. N'avez-vous pas une terre aux environs de Moscou? rien ne vous empêchera de l'habiter.

RACKMANOFF, *à part.*

Cela ressemble un peu à un exil; mais cette fois-ci, au moins, ce n'est pas moi qui le subis.

SCENE VIII.

LA COMTESSE, ALEXIS, *toujours au fond,* CATHERINE, SWANIN, RACKMANOFF, UN HUISSIER.

L'HUISSIER.

Monsieur le comte Swanin!

SWANIN.

Je viens, madame, selon les ordres de Votre Majesté, déposer entre ses mains le pouvoir qu'elle avait daigné me confier.

CATHERINE.

C'est bien, monsieur. Mais, avant de le quitter, dites-moi s'il n'y a pas quelque gouvernement vacant dont je puisse disposer? En vérité, je n'aurai bientôt plus de quoi satisfaire toutes les ambitions.

SWANIN.

Celui de Grodno.

CATHERINE.

Non, j'aimerais mieux le gouvernement de Moscou.

SWANIN.

Mais il est occupé, madame.

CATHERINE.

Nous donnerons un dédommagement à son possesseur : d'ailleurs, telle est notre volonté impériale. Je n'ai rien à refuser à la personne qui me sollicite : n'est-ce pas, monsieur Alexis?

ALEXIS, *s'avançant.*

Madame...

CATHERINE.

Oh! je ne chercherai pas à vous retenir. J'espère que vous me servirez toujours avec le zèle et le dévouement dont vous m'avez déjà donné la preuve. Relevez-vous, relevez-vous, monsieur! Il y a des événemens si peu importans, qu'ils ne laissent pas de souvenir.

SWANIN, *à part.*

Ah! disgracié enfin!

RACKMANOFF, *à part.*

Lui aussi*!... (*à l'impératrice, à demi-voix.*) Je ferai obser-

* Alexis, la Comtesse, Catherine, Rackmanoff, Swanin.

10

ver à Votre Majesté, que mes terres sont précisément situées dans le gouvernement de Moscou, et que...

CATHERINE.

Eh bien! monsieur, que voulez-vous dire? qu'avez-vous à craindre? Tout est faux dans le récit de monsieur Swanin... Tout... ne me l'avez-vous pas assuré?

RACKMANOFF.

Sans doute, mais...

CATHERINE.

Vous, monsieur, qui ne savez rien; qui n'avez rien vu; qui ne prenez pas la peine de lire les lettres que l'on vous adresse de Moscou, ce n'est pas dans cette province que vous êtes prié de vous retirer. Vous avez une heure pour vous préparer à partir : j'ai fait choix pour vous d'une retraite plus tranquille, et je n'ai pas besoin de vous la nommer.

RACKMANOFF.

Inutile, madame. (*à part.*) O Sibérie!... A la bonne heure! je disais aussi, ma femme est là, et il ne m'arrive rien! il semblait qu'il me manquait quelque chose.

SWANIN, *bas à Rackmanoff, pendant que l'impératrice a remonté la scène.*

Est-ce que vous partez aussi?

RACKMANOFF.

On le dit; et je suis fâché que vous ne soyez pas du voyage.

SWANIN.

Merci. Il faut espérer que, cette fois, on ne vous oubliera pas.

RACKMANOFF.

Oh! cela m'est égal maintenant. (*montrant sa femme.*) Tant que madame vivra, je ne demanderai point à revenir : mon parti est pris. Croyez-vous que je sois d'humeur à passer le temps qui me reste à vivre sur la route de Sibérie? allant, venant?... j'y retournerais : autant y fixer mon domicile, c'est moins fatigant.

LA COMTESSE, *à Rackmanoff.*

Qu'avez-vous donc, monsieur? comme vous me regardez!

RACKMANOFF.

Laissez-moi, laissez-moi, madame.

CATHERINE.

Assez! assez! je vous prie; nous n'avons plus rien à nous dire, retirez-vous. (*Tout le monde fait un mouvement pour se retirer. Swanin voyant que personne ne donne la main à la Comtesse, lui offre la sienne et sort avec elle.*) Ah! monsieur Alexis! j'avais à vous remettre une lettre de Moscou; je ne sais ce que j'en fait; mais votre oncle en a une copie. Allez, et envoyez-moi M. Potemkin. (*Alexis rentre dans son appartement. — A Rackmanoff, qui s'est arrêté sur le seuil de la porte.*) M'avez-vous entendu, monsieur?

RACKMANOFF.

J'espérais... je n'aurai peut-être plus le bonheur de revoir Votre Majesté.

CATHERINE.

Vous oubliez que vous n'avez qu'une heure.

RACKMANOFF.

Il ne me faut pas tant de temps pour faire mes préparatifs. On m'en a donné beaucoup moins l'autre fois; et si j'osais profiter de ce moment pour implorer...

CATHERINE.

Soyez prêt dans un quart d'heure alors.

RACKMANOFF, *à part*.

Ce n'était guère la peine de rester.

CATHERINE.

Eh bien! monsieur?

RACKMANOFF.

Viendra-t-on me prendre chez moi? il est d'usage...

CATHERINE.

Ah! cela me fatigue.

RACKMANOFF.

Je me retire, madame. (*à part, en sortant.*) Je n'en reviendrai plus.

SCENE IX.

CATHERINE, POTEMKIN.

POTEMKIN.

Votre Majesté a des ordres à me donner?

CATHERINE.

Je vous ai fait appeler... je ne sais pourquoi... J'ai pardonné, monsieur.

POTEMKIN.

Votre Majesté est si généreuse!

CATHERINE.

Ah! tout cela, monsieur, était si bas, si misérable!.... J'aurais besoin d'une ame élevée, d'une ame qui comprît la mienne!

POTEMKIN.

Celles-là sont rares, madame.

CATHERINE.

Il en est cependant. Vous avez de hautes idées, et mes ministres ne doivent pas dédaigner vos leçons. Venez me voir demain, nous causerons. J'ai besoin de m'occuper de ma grandeur, pour me distraire de toutes ces petitesses. En vérité, cela ne me convient pas.

POTEMKIN.

Demain, madame, daignera-t-on m'écouter? le comte Orloff sera ici.

CATHERINE.

Eh bien! on lui présentera le colonel Potemkin. (*Elle lui donne sa main à baiser. A part, en se retirant.*) Orloff!... Orloff!... allons, il le faut bien.

SCÈNE X.

POTEMKIN, seul.

« Je vous reverrai demain! » Oui, elle me reverra ici, comme elle m'y voit depuis dix ans, obscur et mêlé à ses serviteurs. Et cependant elle m'a dit adieu... elle m'a donné sa main à baiser... à moi! Elle m'a dit : « Je vous reverrai! » Oh! ces mots vont résonner à mon oreille, dans le silence de la nuit, et une voix secrète me dit qu'elle ne les oubliera pas; qu'elle les répète en ce moment : ah! si je le croyais... (*Il fait un mouvement vers la porte de Catherine.*) c'est l'instant qui doit décider de ma fortune et de la tienne, Orloff; je le sais, et j'hésite... Sers donc les autres et obéis, lâche, qui n'as de courage, que pour haïr sans te venger, et d'amour, que pour gémir et te plaindre! Rampe devant eux et fais ta cour, puisque tu n'oses pas entrer et lui dire : Je vous aime! vous vouliez me revoir? eh bien! me voilà, moi qui vous aime, moi qui ne vous trahirai pas : car je n'ai pas dans le cœur des amours de jeunesse, moi; je n'ai pas de souvenirs qui ne soient les vôtres... je vous aime! faites de moi un prince de l'empire, et je vous donnerai des royaumes.

(*On entend crier dans la coulisse :* Les équipages du comte Orloff!) Déjà!... arrive-t-il ce soir?... les instants se sont écoulés... Oh! entre la pensée et l'exécution, il y a souvent un intervalle immense, qu'on n'ose franchir. (*Il se jette dans un fauteuil.*)

SCENE XI.

UN OFFICIER, POTEMKIN.

L'OFFICIER.

L'officier de service ?

POTEMKIN.

Que voulez-vous ?

L'OFFICIER.

Monsieur le comte Orloff sera au palais demain avec le jour. (*Il sort.*)

POTEMKIN.

Demain !... Garde ! (*un Garde paraît à la porte du fond. Potemkin montrant les appartemens du favori.*) c'est ici que je demeure. Personne n'y doit entrer. (*Il hésite un moment.*) Allons !... c'est la mort ou le trône. (*Il entre chez l'impératrice.*)

FIN DU TROISIÈME ET DERNIER ACTE.

COSTUMES.

Nota. Pour faciliter à MM. les directeurs de province la mise en scène de la pièce, nous avons cru devoir donner ici une désignation des costumes.

Rackmanoff : 55 ans. — Habit vert, carré derrière, collet rouge, à la saxe, boutons en or; paremens larges avec trois boutons dessus; revers détachés avec des brandebourgs en or. Clef de chambellan attachée sur la poche à un nœud de ruban noir et jaune : culotte et veste en casimir blanc; bas de soie, souliers à boucles. Perruque chauve, à petites ailes de pigeon, avec une queue : il est seul poudré. Au second acte : au cou, en sautoir, la croix de Saint-André en émail rouge, à quatre rayons; ruban noir avec un large liseré rouge de chaque côté.

Swanin : 45 ans. — Habit et culotte de velours noir, forme à la Louis XV; paremens et collet retombant en fourrure; boutons en pierreries, veste de drap d'or; bas de soie blancs, souliers à boucles. Perruque chauve sur le haut, non poudrée : les cheveux des côtés crépés, à racine renversée, à la Charles XII; grand cordon bleu passant sous l'habit et sur la veste de droite à gauche : deux crachats.

Potemkin : 27 ans. — Uniforme vert à deux rangs de boutons par devant, long; paremens larges, écarlate, avec trois boutons dessus; collet écarlate retombant, à la saxe; retroussis écarlate, boutons en or, aiguillette en or sur l'épaule droite. Ceinture à filet (or et soie noire) avec deux glands qui pendent derrière : épée un peu en verrou; culotte blanche, bottes à l'écuyère, éperons. Cravate noire très étroite; cheveux noirs crépés, à racine renversée, à la Charles XII. Chapeau à cornes, bas de forme; ganse en or divisée en deux branches avec une large étoile au milieu; cocarde noire avec un cercle orange et le bord blanc : plumet noir tombant, en plumes de coq.

Alexis Rackmanoff : 27 ans. — Au premier acte : uniforme bleu avec un seul rang de boutons, long; paremens larges, écarlate, trois boutons dessus; collet écarlate retombant, à la saxe;

retroussis écarlate. Boutons en argent, aiguillette en argent sur l'épaule droite, ceinture à filet (argent et soie noire) avec deux glands qui pendent derrière, épée un peu en verrou : culotte blanche, bas de soie blancs, souliers à boucles, cravate noire très étroite, cheveux comme Potemkin ; chapeau à cornes, bas de forme, ganse à torsade en argent ; cocarde noire : sans plumet.

Aux second et troisième actes : même habit et même ceinture que Potemkin ; culotte, bas et souliers comme au premier acte : pas de chapeau ; un crachat. Au cou, en sautoir, suspendue à un ruban blanc avec un liseré jaune de chaque côté, la croix de l'Aigle rouge de Prusse à quatre rayons, en émail blanc, avec un aigle rouge au milieu.

Premier et deuxième courtisans. — Même uniforme que Potemkin, sans autre distinction qu'un crachat et un grand cordon. Pour le premier, cordon noir et orange divisé en raies égales ; pour le second, rouge avec un liseré noir de chaque côté.

Deuxième ministre. — Même uniforme ; crachat et cordon comme le deuxième courtisan.

Premier ministre. — Habit à la Louis XV avec des brandebourgs, collet retombant et paremens en fourrure ; crachat, et grand cordon noir et orange divisé en raies égales ; cheveux gris, coiffure à la Charles XII comme tous les autres.

Huissier. — Habit à la française, noir : veste noire ; culotte noire, bas blancs, souliers à boucles : au cou, une chaîne en or.

Un officier. — Même costume que Potemkin.

Courtisans. — Quelques-uns en habit à la Louis XV avec cordons et crachats : tous les autres, ainsi que les officiers-généraux, même costume que Potemkin, à l'exception de la culotte qui peut être jaune ou écarlate : de grands cordons et des crachats.

Soldats aux gardes. — Habit vert, long, à revers écarlate avec des boutonnières d'un jaune orange ; retroussis et paremens écarlate, veste longue et pantalon collant de même couleur. Sur la couture du pantalon, une grande bande jaune découpée en dents de loup : bottines hongroises ; petit sabre au côté. Une buffleterie blanche et une giberne : fusil moderne ; bonnet russe, pointu, à plaque en cuivre avec l'aigle noir à deux têtes ; une chenille en ours noir surmontant le bonnet et allant d'une oreille à l'autre.

Catherine : premier costume. — Manteau impérial en velours rouge, bordé d'une large fourrure noire, doublé en satin blanc, manches très larges ouvertes sur le dessus du bras ; robe en mousseline blanche semée de petites fleurs (or et e noire). Au cou, plusieurs colliers en perles et en pierreries. Grand cordon noir et orange divisé en raies égales ; crachat : cheveux en bandeau, grandes nattes qui retombent derrière et sur les côtés. Bonnet à peu près semblable à la calotte grecque, en velours rouge, brodé en perles et en pierreries, et surmonté d'un petit diadème très bas en pierreries et en perles, allant d'une oreille à l'autre.

Deuxième acte : second costume. — Pelisse en velours bleu garnie de fourrure, avec de larges manches : robe de mousseline blanche avec une broderie mauve devant. Pour ceinture, une écharpe. Bonnet en velours bleu, garni de fourrure, tombant sur l'épaule, et dont la pointe est terminée par un gland en or.

Troisième costume. — Robe blanche, en taffetas moiré, sans broderie ; sur le devant et dans toute la longueur, des brandebourgs en perles : grand cordon bleu, crachat ; toque en velours noir avec un épi en diamant sur le devant.

La Comtesse. — Robe en velours bleu de ciel, ouverte par devant, sur une autre robe en soie brochée bouton d'or. Pour ceinture, une écharpe en cachemire. Sur la tête, une calotte à trois pointes en velours bleu de ciel brodée en perles, avec deux bandes de mousseline plissée qui retombent derrière.

www.ingramcontent.com/pod-product-compliance
Lightning Source LLC
LaVergne TN
LVHW052109090426
835512LV00035B/1333